LES LOUANGES A MARIE

d'après

S. Antoine de Padoue

Nihil obstat :

Leander POIRIER, O.F.M., S.T.D.
Marianopoli, die 9e Februarii, 1946

Imprimi potest

Fr. Damasus LABERGE, O.F.M.
Min. Provincialis.
Marianopoli, die 11a Februarii 1946

Imprimatur :

Philippe PERRIER, P.A., V.G.
Montréal, 11 février 1946.

LES LOUANGES A

MARIE

WITHDRAWN

d'après S. ANTOINE DE PADOUE

le Docteur Evangélique

TRADUCTION ET ADAPTATION
P. FERDINAND COITEUX, O.F.M.

★ ★

Éditions Franciscaines
2080 Rue Dorchester Ouest, Montréal 25.

Prologue aux louanges à Marie, d'après S. Antoine

5 février 1946

Beata ubera quae lactaverunt Christum Dominum ! Luc, 11, 27.

Ce compliment est bien d'une mère qui fait de la gloire de ses enfants un sujet de légitime fierté plus chère à elle-même que sa propre gloire. A la vue de Jésus, si éloquent, si beau, si sublime, elle pense au bonheur que devait éprouver sa propre mère à l'entendre et à le contempler et comme hors d'elle-même elle exprime tout haut ses sentiments devant la foule:

Bienheureuses les entrailles qui vous ont porté !
Bienheureuses les mamelles qui vous ont allaité !

Saint Antoine ne reste pas insensible devant une si profonde admiration. Pour en saisir toutes les délicates nuances, et réussir à mieux émouvoir, il recourt à des comparaisons bibliques, et, dans un parallélisme qui ne manque pas d'audace, montre comment notre amour de Marie devrait nous enivrer des vérités éternelles, tout en nous servant des choses temporelles.

Voici le commentaire de saint Antoine. Il faut savoir l'entendre avec toute la pureté d'intention qu'apportait le Saint et que réclame la délicatesse du sujet.

* * *

Bienheureuses les mamelles qui vous ont allaité !

On peut rapprocher de ce texte ces paroles du livre des Proverbes :

> Biche très chère et faon très gracieux.
> Que ses charmes t'énivrent en tout temps !
> Sois toujours épris de son amour ! (Prov. 5, 19)

Notez que la biche, selon l'histoire naturelle, dépose ses petits sur un chemin battu, parce qu'elle sait que le loup évite ce chemin à cause des hommes.

La biche charmante (dont parlent les Proverbes), est la Bienheureuse Marie qui, sur un chemin battu, à savoir dans une mangeoire, a donné au monde son petit enfant, faon très gracieux, parce qu'il nous a été donné gratuitement et en temps opportun.

De là ces paroles de s. Luc, 2, 8: Elle a enfanté un fils et elle l'a enveloppé de langes, *pour nous donner la robe de l'immortalité, et elle l'a déposé sur la paille, parce qu'il n'y avait pas de place dans l'hôtellerie.* La Glose ajoute à cet endroit: Il a voulu manquer *de place dans l'hôtellerie pour que nous puissions avoir plusieurs demeures dans les cieux.*

Que les charmes de cette biche très chère t'enivrent en tout temps, ô chrétien, afin que dans ton enivrement tu oublies les choses temporelles et aspires à celles qui demeurent.

Mais il faut s'étonner beaucoup que l'Esprit Saint ait dit/ que ses charmes t'énivrent. En effet, en la Vierge-Mère, il n'y a pas de vin, mais un lait très agréable. Voici pourquoi il emploie cette expression. Son fils, en même temps son époux, dit dans le Cantique, 7, 6-7;

Que tu es belle, que tu es charmante !
Mon amour, au milieu des délices !
Ta taille ressemble à un palmier
Et ta poitrine à des grappes de raisins.

Que tu es belle en ton esprit, que tu es agréable en ton corps, ô ma mère, ô mon épouse, ô biche très chère au milieu des délices, c'est-à-dire au milieu des récompenses de la vie éternelle.

Ta taille ressemble au palmier. *Notez qu'en sa partie inférieure, par son écorce le palmier est d'aspect austère et qu'en sa partie supérieure, il est beau à voir et à goûter. Selon Isidore, il a un fruit qui se multiplie au centuple. Aussi la Bienheureuse Marie en ce monde apparaît austère sous l'écorce de la pauvreté, mais elle brille dans le ciel comme la reine des anges et, vierge des vierges, elle a mérité plus que toutes les vierges de produire le fruit propre aux vierges, celui multiplié au centuple. C'est donc avec raison que Jésus dit de Marie:*

Ta taille ressemble au palmier.

Et ta poitrine ressemble à des grappes de raisins.— *La grappe est un genre de fruit multiple qui n'en forme qu'un, comme les raisins qui naissent de la vigne. Au sujet de la vigne dans l'histoire de Joseph l'échanson du roi dit:* (Dans mon songe) un cep était devant moi et ce cep avait trois branches. Il poussa des bourgeons, la fleur sortit et ses grappes donnèrent des raisins mûrs. *Dans ces paroles il y a sept points à remarquer: la vigne, les trois branches, les bourgeons, la fleur, et les raisins. Voyons comment ces sept particularités de la vigne conviennent excellemment à Marie.*

La vigne, du mot latin vitis, *qui porte ce nom du fait qu'elle a la propriété de prendre racine plus vite que les autres plantes ou d'unir ses branches entre elles, la vigne, dis-je, c'est la Bienheureuse Marie qui plus vite et plus profondément que tous les autres s'est enracinée en l'amour de Dieu et s'est liée inséparablement à la vraie vigne, son propre Fils, qui a dit:* je suis la vraie vigne. *D'elle-même elle a dit dans l'Eccli, 24, 23:*

Comme la vigne, j'ai fructifié l'odeur de suavité,

L'enfantement de la Bienheureuse Vierge n'a pas eu d'exemple (semblable) chez la femme; mais il en a dans la nature. Comment la Vierge a enfanté le Sauveur? Comme la fleur de la vigne son parfum. On trouve intègre la fleur de la vigne, quand elle donne son parfum; ainsi, il faut croire inviolée la pudeur de Marie, à la suite de la naissance du Sauveur. La fleur de la virginité, qu'est-ce autre chose que la suavité du parfum? — Les trois branches de la vigne *sont la salutation angélique, la venue du Saint-Esprit, la conception ineffable du Fils de Dieu. Greffés à ces trois branches les enfants des fidèles par la foi se propagent, c'est-à-dire se multiplient chaque jour de par le monde.*— Les bourgeons *dans la vigne sont l'humilité et la virginité de la Bienheureuse Marie.*— Les fleurs *(de la vigne) sont (en Marie) la fécondité sans concupiscence et l'enfantement sans douleur.*— Les trois grappes *de raisins dans la vigne sont en Marie la pauvreté, la patience, la continence: ce sont là ces raisins mûrs, d'où découle le vin, mûr et odoriférant qui enivre et qui dans cette ivresse rend sombres les esprits des fidèles.*

C'est donc avec raison que Jésus dit de sa mère:

Ses charmes t'enivreront en tout temps.
Tu seras toujours épris de son amour,

en autant que par amour pour elle tu pourras mépriser toute fausse délectation de ce monde et fouler aux pieds la concupiscence de la chair.

* * *

Quelle tendre piété envers Marie ! Antoine la rend plus vivante, en cherchant à s'approprier pour ainsi dire la tendresse même de Jésus envers sa mère. A cette tendresse il donne de vives couleurs d'amour filial et même conjugal: de Marie, en effet, Jésus est le Fils bien-aimé et, selon la Divinité, Il est aussi l'époux éternellement épris de ses charmes; et cette tendresse il la décrit en se servant de comparaisons scripturaires qui lui donnent plus de liberté pour développer les analogies propres à ces deux sortes d'amour envers Marie:

1.— *Marie est comme la biche dont parle le livre des Proverbes*

O biche très chère et faon très gracieux !

Le faon est le petit de la biche qu'elle dépose sur le chemin battu pour le soustraire à la dent du loup. Ainsi pour montrer sa crainte des richesses et des honneurs qui sont comme les dents du loup pour l'homme, Marie donne naissance à son fils dans la pauvreté et le délaissement à la grotte de Bethléem. Que les charmes de cette biche qu'est Marie, t'énivrent en tout temps, ô chrétien, afin que tu oublies les choses temporelles et que tu ne cesses d'aspirer aux vérités éternelles.

2.— *Marie est comme le palmier et comme la vigne.*

C'est Jésus lui-même qui lui adresse ce compliment emprunté au Cantique que l'Esprit-Saint met dans la bouche de l'époux pour célébrer les charmes de son épouse. Antoine montre donc Jésus comme en extase devant sa mère qui lui a formé son corps et l'a nourri de son lait:

> *Ta taille ressemble à un palmier,*
> *Et ta poitrine à des grappes de raisins.*

En d'autres termes, ta ressemblance avec le palmier vient de ce que tes vertus comme son écorce te donnent un aspect austère, mais comme cet aspect est vite racheté par les airs triomphants que tu lances à tous les ennemis du salut et dont la palme est devenue le symbole!— Et ta ressemblance avec les grappes de raisin de la vigne vient, de ce que tu nourris mon corps d'un lait très doux qui, mieux que le vin, enivre des célestes voluptés et de ce que tu as les propriétés de la vigne du songe expliqué par Joseph. Ces propriétés sont au nombre de sept:

1° ton union avec moi de toutes les puissances de ton être, plus profonde que celle qui existe entre les branches de la vigne;

2° la fleur de ta virginité comme la fleur de suavité de la vigne;

3° les trois mystères de la salutation angélique, de la venue du
S.-Esprit, de ma conception que signifiaient les trois
branches de la vigne du songe;

4° les vertus d'humilité et de virginité qui t'ont valu cet honneur,
vertus symbolisées par les bourgeons de la vigne;

5° le privilège unique d'une fécondité sans aucune concupiscence
et d'un enfantement sans douleur que rappelait la fleur
de la vigne;

6° les trois vertus de patience, de pauvreté, d'abstinence en toi,
ô ma mère, pour manifester trois grappes de raisin dans
la vigne;

7° l'enivrement des célestes voluptés pour sevrer à jamais des
jouissances terrestres.

Voilà des charmes à nul autre pareils, bien capables d'enivrer
en tout temps. Ce sont ces charmes, ô mère, semble dire Jésus,
qui ont épris mon cœur d'un éternel amour pour toi.

Et saint Antoine termine en nous invitant à porter à Marie
l'amour de Jésus lui-même. Mais il nous indique quelle condition réaliser: c'est que pour son amour nous puissions mépriser
toute fausse délectation de ce monde et fouler aux pieds la concupiscence de la chair.

* * *

Terminons en adressant à Marie une prière inspirée des
louanges brûlantes d'amour qu'Antoine a fait monter aujourd'hui
vers Marie:

*O Marie, Mère de Dieu qui êtes en même temps notre mère très
chère, merci de nous avoir donné Jésus dans la pauvreté de la crèche.*

Vos triomphes sur le monde et la chair, vous donnent des airs de superbe palmier symbole de la victoire.

Puissent la blanche hostie et le vin eucharistique nous sevrer de tous des vaines jouissances de ce monde, et nous enivrer toujours plus des célestes voluptés, afin de mériter comme vous d'être comparée au palmier, symbole de nos futures victoires à la gloire de notre Dieu.

Spiritualisme et procédés littéraires de S. Antoine

2 octobre 1945

De mai 1944 à mars 1945 nos émissions hebdomadaires ont été inspirées des *louanges à Marie* de saint Antoine de Padoue. Vous avez entendu notre Thaumaturge lui-même vous parler de la Nativité de Marie, de l'Annonciation, de l'Assomption. Je n'étais que l'humble interprète de sa pensée si nouvelle pour notre monde contemporain.

Des auditeurs étaient étonnés de l'audace de ses expressions; d'aucuns en ont paru ennuyés, quelques-uns même ont exprimé le désir de m'entendre changer de ton. Je me suis rendu à ces volontés, en vous parlant depuis mai des apparitions de Marie à Fatima et des Révélations du Sacré-Cœur à Ste Marguerite-Marie.

Des demandes entre temps me sont venues nombreuses, de continuer les *louanges à Marie* de saint Antoine. Une grande malade écrivait une longue lettre démontrant combien la tournure d'esprit d'Antoine était de nature à nous rendre plus spirituels et montrait, selon un mot de Gemelli, « à discerner l'éternel dans le contingent, l'esprit dans la matière ».

De fait cette âme épurée par la souffrance et la contemplation a vu juste. Saint Antoine est tellement surnaturel que, des trois façons laissées à l'homme pour acquérir les connaissances nécessaires à la vie; la Révélation, la science et l'instinct, il choisit presque uniquement la Révélation. L'Écriture Sainte émaille tous ses discours et il l'interprète en un sens mystique qui met l'âme en relation avec son Auteur. Antoine est un Franciscain authentique qui voit Dieu dans le créé et ne s'en sert que pour se rapprocher de Dieu. A ces fins il utilise habituellement l'allégorie, le symbolisme, les comparaisons, l'étymologie, la définition: autant de procédés littéraires en honneur chez les écrivains sacrés de son temps. A lire attentivement ses sermons, à les traduire, à les analyser pour en communiquer la substance, on sent une âme vibrante qui a mérité de Grégoire IX le surnom de « L'Arche du Testament ». Elle paraît illuminée des lumières de la Révélation et ce halo brillant lui fait découvrir entre la nature, l'histoire et les vérités de la religion, des analogies inconnues du reste des mortels. Sa pensée est si dense et sa mentalité si différente de celle de notre époque, que des contemporains en restent déroutés et qu'ils sont relativement peu nombreux ceux qui se donnent la peine de l'approfondir.

Puisqu'on nous annonce le Doctorat de saint Antoine et que le mois du Rosaire nous invite à vous parler de Marie, je me rends au désir des dévôts à saint Antoine qui souhaitent encore, à nos Mardis à la radio, l'entendre louer Marie. Je commencerai à vous faire connaître aujourd'hui ce qu'il dit de la Purification de Marie.

Troisième fête de Morie:

LA PURIFICATION

En cette fête, Marie est:

Comme l'encens odoréférant aux jours de l'été
Et comme le parfum de l'encens sur le feu

Eccli. 50, 9

(Trois sermons radiodiffusés en douze émissions)

Marie est le paradis terrestre

2 octobre 1945

La Purification rappelle à saint Antoine la septième comparaison de son préambule aux *louanges à Marie:*

*Comme l'encens odoréférant aux jours de l'été,
et comme le parfum de l'encens sur le feu. Eccli. 50, 9.*

Il a parlé longuement du mystère. Il lui consacre pour ainsi dire trois sermons: le premier traite du mystère proprement dit; le deuxième compare Marie au Tabernacle de Moïse; le troisième accentue les louanges à Marie en revenant sur des traits de la Purification.

En son sermon sur la nature du mystère, Antoine compare Marie au *Paradis Terrestre*, à un arbre à encens appelé *libanos*,

à une héroïne des Juifs à leur entrée dans la Terre Promise *Jahel.*
Ces trois comparaisons feront le sujet de trois émissions.—
La première comparaison établit entre Marie et le Paradis
Terrestre un parallèle qui aide à saisir le sens de la Purification.
Avant le commentaire destiné à mettre en lumière la profondeur
et la richesse de sa pensée, écoutons d'abord saint Antoine
lui-même.

* * *

Le Christ dit dans l'Ecclésiastique, 24, 28:

> Et moi, je suis sorti du paradis,
> comme le fleuve Dorix et comme un aqueduc.

*Dorix veut dire remède à la génération et signifie Jésus-Christ,
qui est la médecine de la génération humaine corrompue en Adam.
Du paradis, c'est-à-dire du sein virginal, est sorti Jésus-Christ,
comme le fleuve Dorix et comme un aqueduc.*

*Du fait qu'Il a pris sa chair de la Vierge, Il est devenu pour
nous comme un fleuve, par la foi en l'eau du baptême; comme le
fleuve Dorix, par sa Passion en laquelle Il a répandu son sang
pour guérir les blessures de nos péchés; comme un aqueduc par
l'infusion de la grâce: c'est par Lui, en effet, comme par un aqueduc
que le Père nous infuse la grâce. De là ces paroles:* par le Christ
Notre-Seigneur.

Il est dit dans la Génèse, 2, 8: Au commencement le Seigneur
Dieu avait planté un jardin de délices et il y plaça l'homme
pour travailler et le garder.

*Mais il a mal travaillé et il l'a mal gardé. Il fut donc néces-
saire que le Seigneur plantât un autre jardin meilleur de beaucoup,
à savoir la Bse Marie, où reviendraient les exilés.*

Dans ce jardin fut placé le Second Adam: Lui, Il y a travaillé et l'a gardé. Il a fait beaucoup, comme dit sa mère: Il a fait en moi de grandes choses et son nom est saint. *Ce que nous disons* saint, *les Grecs l'appellent « agion », qui signifie sans terre; en effet, ceux qui sont consacrés à son saint nom, doivent avoir une conversation non sur la terre mais dans les cieux.— Il a gardé Marie, puisqu'Il l'a conservée dans son intégrité. Il a opéré en ce paradis qu'est Marie, puisqu'Il l'a fécondée; Il l'a gardée, quand Il ne lui a point enlevé sa fleur.*

La terre maudite dans l'œuvre d'Adam a germé des ronces et des épines après le labeur. Notre terre, à savoir la Bse Vierge, sans le travail de l'homme a produit le fruit béni qu'elle offre aujourd'hui au temple à Dieu le Père, en disant:

Comme l'encens odoriférant aux jours de l'été.

* * *

Ce parallèle entre Marie et le Paradis Terrestre est dans le ton des écrivains sacrés du 13e siècle. C'est l'âge d'or de la foi. La Révélation projette sa lumière sur le créé et comme les Pères de l'Église Antoine se sert de ses rayons éblouissants pour expliquer les mystères du christianisme.

Il est dit dans la Genèse: *Au commencement Dieu avait planté un jardin de délices et il y plaça l'homme.*— Le Paradis Terrestre avec nos premiers parents dans l'état d'innocence est destiné à chanter la gloire de Dieu et c'est à proclamer ainsi ses louanges au ciel qu'ils trouveront le bonheur.

Adam est le roi du Paradis. Par son intelligence, de même que son épouse, il peut comprendre le but de la création, adopter les vues du Seigneur, travailler la terre et s'en servir comme

d'un instrument de louanges pour glorifier le Maître absolu de
toutes choses.— Mais il a mal travaillé la terre. Il l'a détournée
de ses fins, en mangeant du fruit défendu, et la terre elle-même
s'est vengée de la désobéissance de son possesseur, en produisant
à la suite du péché des ronces et des épines. Comme punition
le Paradis de volupté s'est changé en un lieu d'exil durant le
cours de sa vie mortelle pour l'homme et tous ses descendants.

Une autre terre beaucoup meilleure que la première a dû
être créée, où Dieu plaça cette fois l'Homme, le modèle de tous
les êtres humains, le premier-né de toute créature dans son intention sinon dans l'ordre de l'exécution. Ce nouveau Paradis, c'est
Marie; et le nouvel Adam, c'est Jésus. Tous deux, comme la
terre et son roi, sont destinés à chanter en dehors de la Trinité
la gloire de Dieu. Jésus a mieux travaillé qu'Adam et Il a gardé
la terre où Son Père L'a placé. En effet, dit la Vierge-Mère:
Il a fait en moi de grandes choses et son nom est saint. Il a fait
de grandes choses, quand Il l'a fécondée par l'action du Saint-
Esprit, quand Il l'a dotée du privilège de l'Immaculée Conception pour la rendre digne de son rôle de Mère de Dieu, quand
Il lui a conservé quoique mère la fleur de la virginité. Oui ! son
nom est saint, en ce sens que sa conversation n'est pas sur la
terre mais dans les cieux.

Ce fruit de Marie n'est pas du tout à comparer avec les
ronces et les épines qu'a produites le Paradis Terrestre après la
faute. Dans l'œuvre d'Adam la terre est maudite et engendre
le malheur; mais par l'opération du Saint-Esprit notre terre,
à savoir la Bse Vierge, a donné un fruit béni, Jésus, qui doit
remédier aux maux de l'humaine nature. Par sa Passion Il
effacera le péché et par Ses mérites Il constitue une source de
grâces à la disposition des croyants. De là Son nom *Dorix*, qui
signifie remède à la concupiscence et aqueduc qui veut dire

conduit de la grâce. Or ce fruit du Paradis, voilà que Marie
l'offre aujourd'hui au Temple à son Père:

Comme un encens odoriférant aux jours de l'été.

* * *

Le Paradis Terrestre, nos Premiers Parents, la chute, la
punition, en regard de Marie, son Fils Jésus, ses prérogatives de
grâce et de vertus, l'offrande qu'elle fait de son enfant pour
désarmer la colère de Dieu; voilà en quatre antithèses éloquentes
le parallèle élaboré par Antoine de Padoue pour illustrer le
mystère de la Purification.

N'est-ce pas que le rapprochement est heureux? La scène
évoque une pensée profonde et ouvre des perspectives s'étendant
de l'origine du monde jusqu'à nos jours. C'est comme un tableau
superbe où l'on admire en même temps l'amour d'un Dieu Créateur et Rédempteur, le Paradis Terrestre devenu exil à la suite
du péché et le geste de Marie offrant à la justice divine, pour
redonner la Patrie, son Fils béni au Temple,

comme un encens odoriférant aux jours de l'été.

Daigne saint Antoine, qui a su s'élever à une vision si grandiose, nous donner de mieux saisir l'économie de notre salut et
de seconder comme lui les desseins de Dieu sur chacun de nous!
Puissions-nous à son exemple apprécier davantage la grande loi
de l'expiation et, telle Marie présentant son Fils au Temple,
offrir à la gloire de Dieu, en remède à nos fautes avec Jésus
crucifié,

nos souffrances, nos maladies, nos épreuves,
comme un encens odoriférant aux jours de l'été!

Marie est com- me le Libanos

9 octobre 1945

Dans son sermon sur le mystère proprement dit de la Purification, Antoine compare Marie au libanos. C'est un arbre à encens qui présente des similitudes admirables avec la mère de Jésus, co-rédemptrice du genre humain. Cette comparaison est inspirée d'un texte de l'Eccli. 24, 21 :

> *Comme le Libanos non entaillé, j'ai embaumé ma demeure.*

Écoutons les développements de s. Antoine avant les considérations qui doivent aider à mieux saisir.

* * *

Le mot latin « thus » qui signifie encens peut avoir deux racines différentes: une latine de tondere, *en français* entailler, couper;

*l'autre grecque de theos, Dieu à qui on offre l'encens. Si encens a
une racine latine, thus s'écrit sans h aspiré; s'il a une racine
grecque, thus s'écrit avec h aspiré.*

On dit de la Bse Vierge dans l'Ecclésiastique, 24, 21 :

C. Comme le Libanos non entaillé, j'ai embaumé ma demeure.

*Le Libanos est un grand arbre qui répand un suc aromatique.
Il s'appelle ainsi du nom de la montagne, le Liban, où il est récolté
deux fois l'an, l'automne et le printemps.*

*Le Libanos non entaillé est la Bse Marie, qui ne fut jamais
entaillée par le fer de la concupiscence. La montagne où elle habite,
elle l'embaume de son amour, en ce sens qu'elle la remplit de l'odeur
des vertus. Sa demeure exhale l'odeur de l'humilité et de la chasteté.
A cause de l'innocence de sa vie, la Bse Marie est appelée Libanos,
qui est synonyme de blancheur; et d'elle émane un encens odoriférant,
à savoir l'humanité du Christ, dont la bonne odeur a rempli le
monde entier.*

*Dans la double récolte d'encens on désigne la double oblation
du Christ. En premier lieu sa mère L'a présenté au temple selon
la loi de Moïse. En second lieu Il S'est offert Lui-même en sacrifice
à Son Père en réconciliation du genre humain.— Dans la 1ère oblation Jésus fut un encens, thus dérivant de Theos, Dieu à qui Il
S'offre. Dans la deuxième oblation Il fut un encens, thus dérivant
de tondere, entailler, couper, parce qu'Il a été entaillé, blessé à
cause de nos péchés; et alors Il a été/*

comme un encens odoriférant aux jours de l'été,

*c'est-à-dire dans le feu de la persécution judaïque. Nous verrons
quelques aspects de la 1ère oblation, la Présentation de Jésus au
Temple.*

Ces aspects à eux seuls exigeront une 3e émission sur le mystère de la Purification. La comparaison citée aujourd'hui demande à être reprise dans le détail, pour aider à mieux saisir les harmonies entre la nature et la grâce.

1.— *Considérons d'abord la stature du Libanos en regard de la grandeur de Marie.*

Au mot « encens » le Dictionnaire de la Bible (Vigouroux) nous montre en image trois arbres à encens transplantés à Deir el-Bahari. Ils sont d'une grande hauteur. Dans une forêt ils devraient attirer l'attention des passants par leur aspect majestueux.

Dans la ville de Nazareth Marie a attiré l'attention de Dieu. Il lui a envoyé l'Archange Gabriel qui l'a saluée en ces termes: *Je vous salue, pleine de grâce, vous êtes bénie entre les femmes.*— L'école Franciscaine prétend même qu'elle est bénie entre toutes les créatures de Dieu ; qu'elle est au-dessus des anges, des archanges, des Principautés, de toute la cour céleste; que de sa plénitude vient toute grâce destinée aux élus avant comme après la chute.

2.— *Voyons aussi la blancheur du Libanos en regard de l'innocence et des vertus de Marie.*

Le Libanos porte ce nom parce qu'il croît sur le Liban qui est synonyme de blancheur. L'écorce de cet arbre s'exfolie en lames minces comme des feuilles de papier, riches en canaux résineux. Ses feuilles sont rapprochées en bouquets à l'extrémité des rameaux. Ses fleurs ont un calice persistant à cinq dents, une corolle blanche à cinq pétales et à dix étamines. De là sans doute, l'aspect de blancheur propre à cet arbre et au mont où il croît.

Marie est justement comparée au Liban à cause de son innocence. Elle a été immaculée dans sa conception, et sa pureté n'a fait que grandir. Elle a su correspondre sans cesse aux vues de Dieu sur elle et réaliser avec élan tous Ses desseins miséricordieux. Comme l'écorce du Libanos se transformant en feuilles et en bouquets, elle a fait de sa vie un vert feuillage de grâce et une fleur persistante de vertus. Le tout lui donne un aspect plus éblouissant et incomparablement plus beau que la fleur du Libanos avec ses cinq pétales et ses dix étamines. L'Esprit-Saint veut parler de cet éclat et de cette splendeur de Marie, quand Il dit dans le Cantique des Cantiques, 4, 8:

Viens du Liban, ô mon épouse !
Viens du Liban, viens, et tu seras couronnée.

3.— *Le suc odoriférant du Libanos n'est autre que Jésus, le fruit des entrailles de Marie.*

L'encens est une gomme-résine venant du tronc de divers arbres de la région subtropicale par incision ou naturellement. Il prend la forme de larmes jaunâtres, faiblement translucides, fragiles, d'une saveur amère et répandant, quand on les brûle, une odeur balsamique. L'encens rend l'arbre lui-même odoriférant sans doute, mais il embaume également tout le mont où il est produit.— Il va sans dire que l'encens fait la richesse d'un pays. Dans son chapitre sur le commerce de Tyr, Ezéchiel dit: « *Les marchands de Saba et de Réema trafiquaient avec toi; de tous les aromates les plus exquis ils pourvoyaient tes marchés* ». De tout temps l'encens a été brûlé en l'honneur de la divinité, tant chez les païens que chez les Juifs. Il sert maintenant aux sacrifices des chrétiens.

Quelle plus juste comparaison, pour désigner Jésus, le Fils de Marie ! Sans que le fer de la concupiscence ait entaillé **son** sein, à la suite de son fiat voilà que par l'opération du Saint Esprit, elle a conçu un Fils qui a été appelé le Fils du Très Haut. *Le Verbe s'est fait chair et Il a habité parmi nous.*— Il va sans dire que, plus que l'encens, Jésus fait la richesse non-seulement du pays qui l'a vu naître, mais aussi de l'univers et du genre humain tout entier.— Et à l'autel comme au Calvaire ce divin encens est le seul hommage vraiment digne de la divinité.

4.— *Enfin la double récolte de l'encens fait penser à la double offrande de Jésus.*

Le Libanos donne deux récoltes par année, au printemps et à l'automne. Antoine tire de ce fait un rapprochement avec la double oblation du Christ au Temple et au Calvaire.

La première oblation se fait en ce jour au Temple par Marie. Elle se soumet à la loi de Moïse qui dit: Tout enfant mâle, premier-né de sa mère, sera consacré au Seigneur. En exécution de ce précepte on devait offrir en sacrifice deux tourterelles ou deux jeunes colombes. Cette loi est symbolique: elle est une conséquence du péché. Pour obtenir le rachat du péché, ce sacrifice était offert au Seigneur.— Exempte de toute faute originelle et même de la concupiscence propre aux enfants d'Adam, Marie n'était pas soumise à cette loi pour elle-même, ni pour son Enfant qui était le Fils de Dieu, donc nullement soumis au péché. Néanmoins, comme elle veut donner l'exemple de l'obéissance en tout hormis le péché, elle se soumet humblement et offre au Père Éternel Son propre Fils qui est en même temps le sien, en expiation non de ses péchés mais de ceux des hommes ses frères.— C'est l'encens d'agréable odeur offert à la divinité, en hommage d'adoration, d'actions de grâces, d'expiation, de demande; c'est l'encens (dont la racine vient de Theos, Dieu,) et Dieu ne peut refuser ce sacrifice, car l'Esprit-Saint dit de lui: *Celui-ci est mon Fils bien-aimé en qui j'ai mis toutes mes complaisances.*

Cette première oblation en amène une autre: celle de Jésus acceptant de porter sur ses épaules la peine due à nos péchés. Comme un encens il brûlera sous le feu de la persécution judaïque et laissera se dégager de sa vie une odeur balsamique qui embaumera non-seulement le Calvaire, mais la chrétienté et la terre tout entière. C'est là l'encens (dont la racine vient du mot latin tondere), entaillé, blessé à cause de nos péchés. Vraiment se peut-il rapprochement plus ingénieux, plus démonstratif, plus poétique !

* * *

En terminant, empruntons le langage imagé d'Antoine de Padoue, pour faire nos compliments à Marie en ce mois du Rosaire qui lui est consacré.

— *Comme le Libanos au milieu des arbres du Liban,*
   telle est ma bien-aimée parmi les créatures de Dieu.
— *Comparées à sa pureté et à la splendeur de ses vertus,*
   elles ne présentent plus guère de charme les blanches pétales
   du Libanos entourant les dix étamines d'or de chacune des
                                                           corolles.
— *En présence du fruit béni de ses entrailles, le seul être créé*
   en qui le Père met toutes ses complaisances,
   que sont les gouttes de résine s'écoulant du vert feuillage,
   réservées cependant pour les hommages dus à la Divinité !

— *Qu'il est expressif enfin le symbole de la double récolte de*
l'encens,
pour signifier la double oblation du Christ au Temple
et au Calvaire,
au début et à la fin de sa vie !
— *Puisse cet exemple être suivi par chacun des croyants*
pour offrir

> au printemps de la vie: *les hommages d'adoration*
> *et de louanges dus à la majesté de Dieu !*
> et à l'automne: *surtout les sacrifices d'expiation*
> *et de demande qu'exige le péché !*

Marie figurée par Jahel

16 octobre 1945

Juges, ch. 4-5,

Voici le fait biblique qui met Jahel en scène.— C'était au temps des Juges dans l'histoire du peuple de Dieu. Pour les punir dans leurs égarements, le Seigneur avait livré les enfants d'Israël aux mains des Chananéens, qui avaient pour roi Jabin et pour chef de leur armée Sisara. Comme il est arrivé bien des fois aux moments du malheur, les Juifs crièrent vers le Seigneur et Dieu se rendit à leur prière en suscitant un libérateur. Ce fut surtout Débora, la prophétesse: elle ordonna à Barach de lever une armée de dix mille hommes et d'aller à la rencontre de l'ennemi sur le mont Thabor. Sisara s'avança orgueilleusement vers lui avec neuf cents chars de fer, mais toute son armée fut mise en déroute et taillée en pièce. Le chef s'échappa seul et se retira sous la tente de Jahel, femme de Haber, le Cinéen, qui était en paix avec son maître, Jabin. Nouvelle Judith, Jahel le reçut aimablement, lui donna du lait à boire, le couvrit d'un manteau. Mais pendant qu'il dormait, elle prit un pieu et l'enfonça dans sa tempe avec un marteau. Sa mort délivra les Juifs de l'esclavage des Chananéens.

Cet acte héroïque a inspiré une partie du cantique de Débora et de Barac après leur éclatante victoire. Saint Antoine utilise deux de ces strophes dans son sermon et en fait une application à Marie. Je lui laisse la parole.

* * *

A la louange de Marie, voyons quelques aspects de la Présentation de Jésus au Temple, (la 1ère des deux oblations correspondant aux deux récoltes d'encens).

On lit dans le livre des Juges (5, 24-27) ces paroles de Débora:

> Bénie soit entre les femmes Jahel,
> femme de Haber, le Cinéen,
> Entre les femmes qui habitent la tente, bénie soit-elle !
> Il demanda de l'eau, elle lui donna du lait;
> dans la coupe d'honneur elle lui donna le lait le plus pur.
> D'une main elle saisit le pieu,
> et de sa droite le marteau de l'ouvrier.

> Elle frappe Sisara, elle lui brise la tête;
> elle fracasse et transperce sa tempe;
> à ses pieds il s'affaisse, il tombe, il est étendu;
> là où il s'affaisse, là il gît inanimé.
> Unissant le sommeil profond à la mort, il s'affaisse et meurt

Jahel est interprétée dans le sens de gazelle et signifie la Bse Marie. [1] Haber (*qui signifie participant*), le Cinéen (*qui signifie propriétaire*) *représente Jésus-Christ qui est participant de notre nature et dit dans les paraboles de Salomon, Prov.* 8, 22:

Le Seigneur m'a possédé au commencement de ses voies.

Les voies du Seigneur sont ses œuvres; au commencement de ses œuvres, Il a possédé la Sagesse, parce qu'au début de la création Il a eu devant les yeux ou dans ses intentions Son Fils, pour ordonner tout avec Lui.

Une autre traduction donne le sens suivant:

Dieu m'a fait principe de ses voies dans ses œuvres.

Ce qui se comprend de l'Incarnation du Seigneur: Dieu m'a créé selon la chair. Ici c'est la chair qui connaît Dieu, gloire et Père: la créature confesse son Créateur; la piété filiale a reconnu son Père comme principe et au début de ses voies, selon qu'il le dit lui-même: Je suis la voie qui conduit à la vie. En vue de ses œuvres, à savoir de rédemption, Il a été tiré d'une vierge. En effet, sa chair est à cause de ses œuvres; sa divinité avant ses œuvres.

La Bse Marie est donc appelée son épouse du fait qu'il a reposé sur son lit et qu'il a reçu d'elle sa chair:

Qu'elle soit donc bénie dans sa demeure !

Toutes les générations, dit-elle, me proclameront bienheureuse. Elle est bénie dans sa demeure, dit-elle, parce qu'elle repose en celui-là même qui l'a créée.

---

1. (Antoine en donne la signification au 3e dim. du Carême, en expliquant ces mots: élevant la voix, une femme dit.)

La louange (qui lui est due) surpasse toute louange. Devant cette tâche la parole manque et (si on tente de parler quand même) la langue ne peut proférer que des balbutiements. (Néanmoins) l'occasion se présente et la dévotion désire traduire son admiration, quelque pauvre que puisse être le langage humain.

Ici finit le texte d'Antoine que je veux considérer aujourd'hui. Ce n'est qu'une partie de ce qu'il dit de Jahel, figure de Marie. Les motifs qu'il invoque pour justifier cette figure, sont les étymologies et un texte des Proverbes appliqué à l'Incarnation du Verbe en Marie.

1.— *Les étymologies* ont trait au sens des mots *Jahel* et *Haber le Cinéen,* son époux.

Jahel veut dire gazelle, genre d'antilope à forme légère et gracieuse. D'après Antoine cet animal est la figure de Marie, légère et gracieuse entre toutes les femmes.

Haber, époux de Jahel, veut dire participant et son surnom le Cinéen, propriétaire. Ces deux mots ensemble désignent Jésus-Christ qui s'est fait participant et propriétaire de notre nature humaine en Marie et par Marie. Par sa maternité divine elle est sa mère et « par le fait qu'elle a reposé sur son lit », elle est pour ainsi dire son épouse; donc dans les deux appellations Jésus participe d'elle et elle est sa propriété.

Ce langage cher à Antoine s'inspire d'un livre en honneur au moyen âge, les Étymologies de saint Isidore de Séville. Uniquement préoccupé du désir d'édifier, l'auteur trouve un sens symbolique aux noms qui désignent les êtres et applique ce sens aux vérités de la religion.— A notre esprit moderne, plus soucieux d'exactitude scientifique, ces procédés semblent puérils et plus fantaisistes que réels. Ils sont tout de même dans la tonalité du spiritualisme Antonien et aident notre héros à s'élever à un haut degré de contemplation.

2.— *Appliqué au Verbe Incarné, le texte des Proverbes* montre en Marie et Jésus le type idéal dont Jahel et Haber ne sont que les figures.

Le Seigneur m'a possédé au commencement de ses voies.

Ces paroles de l'Écriture Antoine les met dans la bouche du Christ. Dans ses desseins providentiels, dit-il, le Seigneur m'a possédé même en Mon humanité à l'origine de toutes choses; car lors de la création Il avait devant les yeux son Fils fait homme, pour tout ordonner avec Lui.— Jésus était donc conçu dans la pensée du Père avant tous les autres êtres, bien qu'Il ne parût en ce monde qu'au milieu des temps. Selon le mot de saint Paul, il est le Premier-né de toutes créatures. Et puisqu'Il devait venir par Marie, Marie était également présente à la pensée de Dieu quand Il pensait à l'Incarnation de Verbe.

Un autre sens plus précis et plus expressif peut être donné à ce texte des Proverbes déjà cité:

Dieu m'a fait principe de ses voies dans ses œuvres.

Ce qui reviendrait à dire: je n'étais pas seulement présent à la pensée de Dieu quand Il a décidé Ses voies, c'est-à-dire l'Incarnation, la Création, la Rédemption; mais je suis moi-même la cause de ses œuvres. Dans la chair comme dans la Trinité je connais mon Père; en tant que créature je confesse mon Créateur; dans ces deux modes d'existence, je sais reconnaître que toutes Ses œuvres mon Père les a voulues par Moi ou comme cause directe ou comme simple conseil. Et ces œuvres, c'est-à-dire tous ceux qui feront partie de mon corps mystique, j'ai mission de les conduire à la vie divine.

Dans l'un ou l'autre sens, le texte des Proverbes montre Jésus participant ou propriétaire de notre humaine nature. Il la tient en propre d'une Vierge et parce qu'Il a reposé en son sein, elle peut être appelée en quelque sorte Son épouse. Bien que plus souvent cette appellation soit réservée au Saint-Esprit, par qui le Verbe s'est fait chair et a habité parmi nous. Puisque Jésus possède notre nature en propre par l'union hypostatique et puisqu'Il possède Marie, sa mère et en un sens son épouse, d'une façon plus intime que tout autre individu, il va sans dire qu'Il veut s'unir tous les individus de la race humaine un peu comme Il est uni à Marie et partant les délivrer du péché qui empêche cette union divine. En cela Il est avec Marie le véritable Libérateur dont Jahel avec son époux ne sont que les types ou figures dans la libération de leur peuple asservi aux Chananéens.

Conclusion.— Devant la sublimité du mystère qui exalte Marie en même temps que Jésus, Antoine est dans l'étonnement. Impuissant à louer Marie comme il le voudrait, il désirerait garder le silence. Mais l'occasion se présente pour lui de dire ses compliments à sa Mère, et, bien que son langage soit pauvre en comparaison de son amour, son amour ne peut se taire.— Si tel est le sentiment de saint Antoine en contemplant Marie, quelle ne devrait pas être notre impression d'impuissance devant la même tâche ! Néanmoins parce que je crois en ses perfections et en sa mission libératrice auprès de nous, j'ai parlé également de Marie mais en me servant des paroles d'un de ses plus fidèles admirateurs, Antoine de Padoue.

Puissent ces louanges à Marie lui être agréables ainsi qu'à son Divin Fils et nous valoir à tous d'être délivrés de la servitude du pire des ennemis, celui que François appelle l'unique ennemi: le péché !

DEUXIÈME SERMON:
Marie et le Tabernacle.

Marie est le tabernacle du Christ

23 octobre 1945

Le deuxième sermon de saint Antoine sur la Purification est une allégorie entre le Tabernacle de Moïse et la Mère de Dieu.

La tente de Jahel dont il a été question plus haut, a éveillé chez Antoine l'idée de la tente du Tabernacle de Moïse. Et ce nouvel objet avec son contenu, son mûr d'enceinte et ses tentures, transporte Antoine dans un monde spirituel où lui apparaît la Mère de Dieu, tabernacle du Très-Haut, protégé par un mûr de vertus, ouvert seulement du côté de l'orient où se lève le divin Soleil de justice, recouvert au-dessus des tentures des saints, des élus et des fidèles.

Toute cette allégorie avec ses détails symboliques est un exemple frappant de la mentalité d'Antoine de Padoue. Il prouve à l'évidence qu'il est de l'école des Victorins qui au-dessus de la lettre voient beaucoup plus haut par le sens figuratif et font des Écritures comme du monde matériel un signe sensible, un sacrement destiné à élever l'âme à Dieu.

Pour aujourd'hui nous verrons en quoi Marie est le tabernacle du Christ. Laissons d'abord la parole à saint Antoine.

* * *

Que Jahel soit bénie sous sa tente !

Le Seigneur a dit ces paroles à Moïse dans l'Exode, 26, 1, 7, 14, 15:

Tu bâtiras ainsi le Tabernacle: tu lui feras dix tentures de lin retors, de pourpre violette, de pourpre écarlate et de cramoisi, avec des chérubins, ouvrage d'habile tisseur... Tu feras aussi onze tentures de poil de chèvres, pour former une tente sur la demeure... Tu feras pour la tente une couverture en peaux de béliers teinte en rouge et une couverture en peaux de veaux marins par dessus. Tu feras aussi des tables de bois d'acacia, debout dans le Tabernacle.

Notez qu'à ce temps de l'histoire sainte, le Tabernacle était la maison dédiée à Dieu, de forme carrée et oblongue, fermée par trois mûrs du côté de l'aquilon, du midi, de l'occident. Libre était l'entrée du côté de l'orient, afin de laisser passer les rayons du soleil levant. La longueur (du Tabernacle proprement dit) était de trente coudées, la largeur de dix coudées, la hauteur de dix coudées. Du coté du midi étaient debout vingt panneaux de bois d'acacia; chacun avait en longueur dix coudées, en épaisseur quatre doigts et en largeur une coudée et demie. Mais elles étaient reliées ensemble de façon à ne laisser ni fente ni surface inégale et à chaque bout elles étaient recouvertes d'or. Sous chacun des panneaux étaient des socles d'argent perforés, et au fond de ces socles se trouvaient des pivôts d'or. Le mur de l'aquilon était sur le même plan. Mais à l'occident étaient sept panneaux en tout semblables aux autres et dressés de la même façon sur des bases. Les panneaux étaient ainsi disposés et recouverts des quatre tentures désignées plus haut, à savoir de lin, de poil de chèvres, de peaux de béliers teintes de rouge et de violet.

Le Tabernacle signifie la Bse Marie, en qui le Christ s'est armé de la cuirasse de la justice et du casque du salut, pour combattre les puissances d'airain. (J'ai expliqué quelle est la nature de ces armes dans l'Evangile du 3e dimanche du carême: Lorsqu'un homme fut armé...) — Marie est la maison dédiée à Dieu, ointe par la consécration de l'Esprit-Saint, quadrangulaire par quatre vertus principales, oblongue par la persévérance finale, fermée par trois murs de vertus contre l'aquilon, le midi, l'occident. L'aquilon signifie la tentation du diable, le midi l'enchantement du monde, l'occident la mort du péché.

* * *

Que Jahel soit bénie sous sa tente !

dit Antoine au début de cette citation.

C'est donc le mot « tente » employé dans ce vers du Cantique de Débora, la Prophétesse, qui amène saint Antoine à traiter de cette nouvelle figure de Marie, le Tabernacle. En entendant ce passage étrange, je ne doute pas, chers auditeurs, que des questions comme celles-ci surgissent dans votre esprit: Qu'est-ce que le Tabernacle? En quoi peut-il être la figure de Marie?

1.— *Le Tabernacle.*— Du jour de la promulgation de la loi sur le Sinaï à la construction du Temple de Jérusalem par Salomon, le Tabernacle a été le centre du culte demandé aux Hébreux par Dieu. *Ils me feront un sanctuaire, dit-il, et j'habiterai au milieu d'eux.* Ex. 25, 8.

Ce sanctuaire démontable qu'ils ont dû transporter du désert dans la Terre Promise, Jéhovah a pris soin de faire connaître à Moïse les détails de son agencement: *ses parties constituantes,* le parvis et à l'intérieur le Tabernacle proprement dit où se trouvera l'Arche d'alliance; *les dimensions de chacune des parties,* par exemple les trente coudées de longueur, dix de largeur et de hauteur pour la 2e partie; *les matériaux à utiliser dans la construction,* comme l'acacia, l'or, l'argent, les poils de chèvres, les peaux de béliers; *les objets devant servir au culte* comme l'autel, les chandeliers, les tables de la loi, la manne, les pains de proposition.

Il fallait que le Tabernacle proprement dit rappelât la demeure ordinaire de Dieu le ciel, tandis que le parvis rappellerait la terre, demeure de l'homme. Jéhovah résidait dans le Saint des Saints, où l'homme n'avait point d'accès sinon une fois l'an quand le grand-prêtre venait intercéder pour les péchés du peuple. « L'or des parois et des ustensiles, l'incorruptibilité du bois d'acacia, les couleurs des étoffes et la richesse des broderies rappelaient et honoraient les perfections divines. Les ustensiles d'or disposés dans le Saint, la lumière des chandeliers, les pains, l'encens, signifient les pensées et les sentiments qui devaient animer les prêtres dans le culte de Jéhovah. » (H. Lesêtre, dans *Dict. de la Bible*).

Le parvis servait de lieu de réunion pour le peuple. C'est là dans ce sanctuaire unique qu'Israël par l'intermédiaire de Moïse entrait en communication avec le Dieu unique. Le Tabernacle constituait ainsi le lien d'unité entre les douze tributs d'Israël et, par le fait qu'il contenait la manifestation de la volonté divine formulée sur les tables du décalogue, il était justement appelé « la tente du témoignage ».

On donnait au Tabernacle tout entier le nom de « Saint » et « Saint des Saints », non-seulement à cause de la présence de Jéhovah qui daignait s'y manifester par son action surnaturelle, mais à cause de sa valeur typique par rapport aux réalités du Nouveau Testament. Il figurait Jésus-Christ, le Verbe Incarné habitant au milieu de nous, et son humanité dans laquelle « habite corporellement la plénitude de la divinité. » Le Tabernacle figurait aussi l'Église, le parvis l'Ancien Testament et le Tabernacle proprement dit le Nouveau Testament qui contient la vérité dans le Saint des Saints. D'après Saint Antoine le Tabernacle est également figure de Marie.

2.— *Figure de Marie.*

De fait Marie est la maison dédiée au Fils de Dieu dans la chair. Préparée de toute éternité avec et par la Sagesse Incarnée, elle a si bien les apparences et les propriétés de la sagesse elle-même que des théologiens l'appelle « Sagesse ». Ce qu'il y a de certain, c'est qu'elle a été ointe de la consécration de l'Esprit-Saint. Il était déjà venu dans son âme en plénitude par la préservation de la tache originelle et l'effusion de toutes les grâces nécessaires à sa mission de Mère de Dieu; mais au moment de la conception de son Fils, Il survient en elle et la couvre de son ombre pour l'élever, en autant qu'en est passible une créature raisonnable, au niveau d'amour propre au Dieu-Charité. Et dans une extase d'amour par un effet de la toute-puissance divine *le Verbe s'est fait chair et a habité parmi nous*. S. Jean, 1. 11.

Dans cette union intime de son âme avec Dieu, Marie possède éminemment des propriétés du Tabernacle. Comme lui, selon les rapprochements de S. Antoine, les quatre côtés de sa maison spirituelle sont formés par les quatre vertus cardinales: justice, tempérance, force, prudence. Sa longueur mystique atteint les dimensions de la persévérance finale. Enfin les vertus de Marie sont les trois murs qui l'isolent au nord contre la tentation du diable, au sud contre l'enchantement du monde, à l'est contre la mort du péché.

Avec saint Antoine nous considérerons plus longuement ces trois murs de vertus en Marie de même que l'ouverture et la porte d'entrée de l'est dans le Tabernacle et en Marie. Ce sont des particularités de ressemblance contenant pour nous de nombreuses et précieuses leçons.

* * *

De ce rapprochement ingénieux entre le Tabernacle et Marie, retenons une pensée qui devrait rester bien gravée dans notre esprit.

L'attention que Dieu a apportée à la construction du Tabernacle en ses deux parties avec tous les constituants, donnait à Israël une idée de l'importance qu'il devait attacher au nouveau culte et aux prescriptions qui le concernaient. De même le soin que notre Père des cieux a apporté à préparer à son Fils Unique dans la chair une mère digne de Lui, doit nous inspirer à tous une idée plus juste de l'importance qu'il faut attacher au culte envers Marie.

A la suite des événements du Sinaï Jéhovah ne communiquait avec son peuple que dans le Tabernacle par l'intermédiaire de Moïse. Ainsi par suite de l'Incarnation Dieu ne communique avec les croyants que dans le Tabernacle, c'est-à-dire en la médiation de Marie, et par les mérites de Jésus, le nouveau Moïse chargé de nous conduire dans la véritable Terre Promise.

Louange donc à Marie, Tabernacle du Très-Haut, Mère de Jésus, notre Médiatrice toute-Puissante auprès de Dieu !

Le tabernacle est fermé contre l'aquillon, le midi, l'occident.

6 novembre 1946

Marie est donc le Tabernacle du Très-Haut, fermé par trois murs de vertus: 1o au nord, contre la tentation du diable; 2o au sud, contre l'enchantement du monde; 3o à l'ouest, contre la mort du péché. Son immunité contre la concupiscence l'a fait triompher du diable; sa vie intérieure l'a préservée des attraits du monde; le panier d'osier contenant le nouveau Moïse l'a sauvée de la mort du péché qui est le sort de tous les enfants d'Adam à suite du péché originel.

Écoutez Antoine lui-même, avec des textes interprétés en un sens allégorique, nous démontrer ces prérogatives de Marie. Le style est d'un autre âge. Mais il est neuf pour nous et ne manque pas de force et d'éloquence persuasive.

(Le Tabernacle de) Marie fut fermé à l'aquilon.
De là ces paroles de la Genèse, 3, 15:

Celle-là te meurtrira à la tête
et tu la meurtriras au talon.

La Bse Marie a meurtri la tête (du diable), c'est-à-dire le prin-
cipe diabolique, quand elle a émis le vœu de virginité. Mais il a
essayé de la mordre au talon, lorsqu'il a fait en sorte que son Fils
à la fin fut pris et crucifié.
(Le Tabernacle de) Marie fut fermé aussi au midi.
De là ces paroles de S. Luc, 1, 28: Et l'Ange lui dit en entrant
chez elle: Ave.— *Elle était à l'intérieur et la porte était fermée,*
celle chez qui entra un Ange. Parce qu'elle était à l'intérieur, elle a
mérité d'être bénie. En effet, ce ne sont pas celles qui sont au dehors,
qui sont dignes d'entendre la salutation angélique, disant: Ave.
Celles-là méritent plutôt qu'on leur applique ces mots du prophète
Amos: 5, 6: A toutes celles qui se tiennent dehors, qu'on dise:
Vae ! c'est-à-dire Malheur. En effet, elle n'est pas agréée de Dieu
la salutation au dehors. Celui qui se tient dehors, sur la place
publique, ne mérite pas d'être salué de Dieu. Il ne mérite pas
d'être salué de Dieu ou de l'Ange qui aiment la retraite. En en-
voyant ses Apôtres: Ne saluez personne en chemin, dit Jésus, mais
en quelque maison que vous entrerez, dites: Paix à cette maison.
S. Math. 23, 7. Il ordonne qu'on salue non ceux que l'on rencontre
en chemin, ni ceux qui travaillent dans les champs, mais ceux qui
sont à la maison. Donc ceux se tiennent dehors, sont privés de la
salutation divine.
(Le Tabernacle de) Marie fut fermé du côté de l'Occident.
De là ces paroles de l'Exode, 2, 2-3, où il est dit que: Moïse fut
caché trois mois. *Comme elle ne pouvait plus le tenir caché, sa mère*

prit une corbeille d'osier et, l'ayant enduite de bitume et de poix, elle y plaça l'enfant et le déposa sur le bord du fleuve. Voyons ce que signifient le nom de Moïse et les trois mois, ce que signifient le berceau d'osier, le bitume, la poix et le fleuve.

Moïse, c'est Jésus-Christ qui fut caché trois mois, c'est-à-dire trois périodes de temps, à savoir avant la création du monde; de la création du monde à Moïse; de Moïse jusqu'à l'Annonciation de Marie. Elle fut, elle, comme un panier d'osiers enduit de bitume et de poix, fermé de toutes parts. Le panier (ou corbeille) est un récipient gracieux fait de branches flexibles.

Notez que les trois éléments qui ont servi à fabriquer la corbeille, signifient trois vertus principales de Marie: les branches de saule désignent l'humilité; le bitume, la virginité; la poix, la pauvreté.— Le mot latin vimen, en français branche, porte ce nom par le fait qu'il a une grande force de verdoyance (vim vivoris). Cette branche est de nature telle, que, si elle est coupée, elle puisse reverdir même quand elle a séché: taillée et fixée en terre à des racines, elle s'y enfonce et (reverdit). Voilà l'humilité; elle a une si grande puissance de verdoyance, que, si elle est vouée au mépris et rejetée comme une branche sèche, elle se plonge dès lors dans le souvenir de ses origines (que l'humble ne perd pas de vue), et s'enfonce plus profondément dans les racines de l'humilité.

Jésus-Christ a donc été placé dans la Vierge Bse comme dans un panier d'osier et exposé à la dérive sur le fleuve, c'est-à-dire en ce monde. Cet enfant, la fille du roi, à savoir la Sainte Église, l'a adopté pour son Fils. L'endroit où il est, est plein de laïches, ou de joncs, ou d'épines.

Des trois côtés donc Marie était fermée à l'aquilon, au midi, à l'occident, afin que ne la puissent violer ni la suggestion du démon, ni l'enchantement du monde, ni la délectation du péché.

De ce triple préservatif il est question dans le Cantique, 4, 12:

C'est un jardin fermé que ma sœur fiancée,
une source fermée, une fontaine scelée.

La Bse Marie est dite ici soeur du Christ, à cause de l'intimité de leur union dans la chair. Elle fut un jardin fermé contre l'aquilon par le mur de l'humilité; un jardin fermé contre le midi par le mur de la pauvreté; une fontaine scelée contre l'occident par le sceau de la virginité.

Ce sont là les panneaux dorés à l'intérieur et à l'extérieur, inséparablement unis les uns aux autres, disposés de façon à présenter une parfaite égalité, et, pour le tribut de la louange divine, placés sur des bases d'argent, à savoir sur la pureté d'intention.

C'est par cette triple fermeture, et aussi par l'eau venant de l'orient, que le Tabernacle est rendu illustre.

* * *

Tels sont, d'après saint Antoine, les trois murs de vertus qui entourent Marie, Tabernacle vivant, pour la préserver contre le démon, le monde, la mort du péché.

— Voyons plus dans le détail ces murs de vertus.

1° *L'aquilon figure le démon, de qui vient la tentation.*

Et Marie a été exempte de toute tentation. Dieu l'a possédée au commencement de ses voies, c'est-à-dire de ses œuvres. Elle était dans sa pensée, quand Il a décidé de venir en la chair par son Fils, et dès lors Il s'est plu à l'orner de toutes les grâces exigées pour bien remplir son rôle de Mère de Dieu. Préservée

de toute tache originelle, immaculée dans sa conception, **Mère
tout en restant vierge,** *elle-même brisera la tête du serpent: ipsa
conteret caput suum.* Tout le contexte montre la croyance impli-
cite d'Antoine en la conception immaculée de Marie, six siècles
et demi avant la proclamation du dogme. Faute d'expression
non encore précise, il attribue à la virginité ce pouvoir de Marie
d'écraser le serpent, c'est-à-dire d'être immunisée contre la concupiscence, d'être libérée de toute tentation, de ne donner aucune
prise au démon.

L'Immaculée Franciscaine nous montre Marie debout sur le
globe terrestre. Elle tient paisiblement dans ses bras l'Enfant-
Jésus armé d'une longue lance et elle met son pied droit sur le
serpent, tandis que son Fils lui transperce la tête avec sa lance.

Antoine donne ici une belle explication de la Passion. Le
démon s'est vengé contre Marie et son Fils, en la mordant au
talon, c'est-à-dire en les soumettant tous deux aux douleurs
de la Rédemption. Ne pouvant rien sur l'âme, avec la permission
de Dieu il s'en prend au corps: un glaive transperce le cœur de
Marie et Jésus connaîtra les affres de la crucifixion. A ce prix ils
vaincront le prince de ce monde et ils obtiendront à ceux qui
croient et s'efforcent de traduire la foi dans leur actes, la grâce
de recouvrer l'innocence première. Mais pour que la victoire soit
complète, il faudra subir soi-même les effets de la morsure du
diable, en endurant dans sa chair, par la fidélité au devoir d'état
coûte que coûte, ce qui manque à la Passion de Jésus.

2° *Le midi signifie l'enchantement du monde, qui est un piège
du démon.*

Le monde dans ce sens, c'est la création entière. Elle est
belle et bonne. Il ne faudrait pas toutefois, que cette beauté et

cette bonté nous fissent oublier celui qui est la Beauté et la Bonté même. Et ce qui nous empêche de l'oublier, c'est la vie intérieure, telle que la pratiquait Marie à Nazareth. Cette vie intérieure lui a mérité d'entendre Gabriel la saluer en ces termes: « Ave, Maria ». Donc sa vie intérieure a valu à Marie l'Incarnation.

De même tout chrétien désireux des grâces divines ne doit pas cesser de contempler Dieu dans son cœur. Si ses devoirs l'obligent à aller sur la place publique ou au milieu de la foule, le regard intérieur devra continuer de se porter sur Dieu et ses mystères. La vie dissipée, mondaine, qui perd de vue l'Auteur de toute chose, est un malheur, malheur qui conduit souvent à la damnation. C'est le sens de cette parole du prophète Amos, citée par saint Antoine:

A toute personne qui se tient dehors, qu'on dise: Vae !

Vae et non Ave, formé de a prévatif et de vae, c'est-à-dire sans malheur. Donc le salut ! contraire du malheur. C'est dire qu'il faut la vie intérieure plutôt que la vie dissipée, pour résister à l'enchantement du monde et rester sous l'influence de la grâce, en union avec Jésus qui nous apporte le salut.

3o *L'occident est synonyme de mort du péché*, le pire des maux.

Un argument bien nouveau est présenté ici par S. Antoine, pour démontrer cette vérité; un symbole de Marie avec une figure de Jésus.

Jésus, c'est le nouveau Moïse. Marie, c'est la corbeille qui à son arrivée en ce monde l'a porté par ses vertus d'humilité, de virginité, de pauvreté, vertus symbolisées par les branches, le bitume, la poix du panier. L'Église, c'est la fille de Pharaon, qui l'a pris dans les laîches, les joncs, les épines où l'avait placé la malice humaine, l'a amené à la cour du Roi des rois pour être traité selon son rang et recevoir les hommages qui lui sont dûs. Tous ces événements providentiels qui ont préservé Moïse de la mort, sont vraiment un signe expressif de la préservation de la mort du péché non-seulement pour Jésus et Marie, mais aussi pour tous ceux qui croiront en eux.

Voilà bien les murs de vertus qui entourent le Tabernacle vivant de Marie pour la préserver contre l'aquilon du diable, le midi du monde, l'occident de la mort.

— Le Cantique des Cantiques fait également allusion à ces trois murs contre l'aquilon, le midi et l'occident, quand il dit de Marie:

> *C'est un jardin fermé que ma sœur fiancée,*
> *une source fermée, une fontaine scelée.*

D'après saint Antoine, Marie est un jardin fermé contre l'aquilon par son humilité, une source fermée contre le midi par sa pauvreté, une fontaine scelée contre l'occident par le sceau de sa virginité.

— Enfin les panneaux à l'intérieur du Tabernacle, dorés, unis, placés sur des bases d'argent, figurent la pureté d'intention de Marie et tout ce qu'elle sait apporter à Dieu pour lui offrir son tribut de louange divine.

Conclusion.— Ces panneaux avec la triple fermeture contre l'aquilon, le midi, l'occident, sont donc des symboles et des figures qui rendent le Tabernacle vivant de Marie bien plus illustre qu'ils ne l'ont fait pour le Tabernacle de Moïse. En terminant, adressons à Marie cette

PRIÈRE :

O Tabernacle du Très-haut, nos âmes sont comme la vôtre par la grâce et la communion des tabernacles de Jésus. Puisque vous êtes la médiatrice de toute grâce, entourez-les d'un triple mur de vertus contre l'aquilon du démon, le midi du monde, l'occident de la mort du péché. Que grâce aux soins de l'Église, véritable fille de Pharaon, nous soyons tous nous-mêmes comme de nouveaux Moïses sauvés des eaux de l'éternelle damnation et s'employant efficacement au moins par le bon exemple à conduire les gens de bonne volonté à la Terre Promise de la Béatitude.

Le tabernacle est ouvert du côté de l'orient

13 novembre 1946

Marie est comme le Tabernacle de Moïse fermé à l'aquilon, au midi, et à l'occident; mais ouvert du côté de l'orient. A cause de sa conception immaculée, de sa contemplation, de son exemption de toute faute, nul accès n'est laissé en Marie au démon, au monde, au péché; seul peut venir en son esprit et en son cœur Jésus le Verbe de Dieu, le soleil d'orient illuminant tout être raisonnable appelé à l'existence.

Cette vérité admirable, Antoine l'illustre par un commentaire d'une vision d'Ezéchiel. Voici le trait.

En douze chapitres, du quarantième au cinquante-deuxième, le prophète Ezéchiel annonce le nouveau royaume de Dieu. Il parle d'abord du temple de Jérusalem, et décrit ensuite le sanctuaire ainsi que le personnel affecté au culte. Une particularité du portique retient l'attention du voyant. C'est que la

porte qui regardait l'orient était fermée. La raison pour laquelle
cette porte était fermée au public mais ouverte seulement au
Prince Véritable, fournit à Antoine une allégorie précieuse pour
exalter Marie. Je lui laisse la parole.

* * *

*Le Tabernacle (de Marie) est remarquable par son triple mur,
dit saint Antoine, et aussi par l'eau (de la grâce) qui arrive de
l'orient.*

*De cette vérité on trouve une analogie dans Ezéchiel, 44, 1-3:
« Il me fit revenir dans la direction du portique extérieur du
sanctuaire qui regardait l'orient; et il était fermé. Et Jéhovah
me dit: cette porte sera fermée; et elle ne s'ouvrira pas et aucun
homme n'entrera par là. Parce que le Seigneur Dieu d'Israël
est entré par elle, elle sera fermée au prince (de ce monde). Mais le
Prince véritable entrera en elle et s'y assoiera pour manger du
pain devant Jéhovah. »*

*Parce qu'on se sert d'une porte pour entrer ou sortir, cette porte
(dont parle Ezéchiel) signifie aussi Marie, par où passe toute
grâce. Elle fut la porte du sanctuaire extérieur et non du sanctuaire
intérieur. Le sanctuaire intérieur, c'est la divinité; et l'extérieur, c'est
l'humanité. Le Père a donné la majesté et Marie la faiblesse.
Le chemin qui conduit à cette porte, c'est l'humilité par laquelle
doit passer avec le Prophète tout chomme venant en ce monde.
L'humilité de la Vierge regarde l'orient, afin d'être éclairée de ses
rayons.— Cette porte est dite fermée, du fait que la Bse Marie, comme
il a été dit, a été fermée à l'aquilon, au midi, et à l'occident; mais à
l'orient, c'est-à-dire à Jésus-Christ qui est descendu du ciel, cette
porte reste ouverte.*

De là ces autres paroles: Aucun homme n'entrera par cette porte; *c'est-à-dire Joseph ne la connaîtra pas. Et cette porte sera fermée au prince, c'est-à-dire au diable connu sous le nom de prince de ce monde ainsi qu'à ses suggestions, parce qu'à aucune tentation son esprit n'a été accessible, de même sa chair n'a connu aucun contact viril. Seul le Prince véritable s'assoiera en elle, dans l'humilité de la chair qu'Il prend d'elle, afin de manger le pain devant Jahel, c'est-à-dire afin d'accomplir la volonté de Celui qui L'a envoyé.*

* * *

L'analogie de la porte du côté de l'orient ainsi appliquée à Marie demande explication. Elle se prête aussi à des enseignement sublimes.

1° Vous vous rappellerez qu'Antoine a déjà parlé de trois murs du Tabernacle du côté de l'aquilon, du midi, de l'occident. Quand il arrive à l'entrée du côté de l'orient, il passe du Tabernacle de Moïse au Temple de Jérusalem, comme pour donner plus de force à son argumentation. Rien en cela qui doive nous étonner. Le Temple de Salomon, tout comme le Tabernacle est la figure de Marie. Tous trois ont été élevés à la gloire de Dieu pour l'utilité du peuple.

Le Tabernacle de Moïse a été construit dans le désert sur la demande de Dieu au Sinaï. (Ce Tabernacle devait contenir l'Arche d'alliance où se trouvaient les tables de la loi et la baguette d'Aaron et une portion de manne; le parvis ou l'enceinte servait aux sacrifices devant le peuple; le tout était portatif et les Juifs l'ont porté avec eux dans la Terre Promise.)

Le Temple de Jérusalem a été construit sous le roi Salomon de 1013 à 1006 avant Jésus-Christ. (Il a été détruit par les

Chaldéens en 588, reconstruit par Zorobabel en 516 avant Jésus-Christ, anéanti par Titus l'an 70 de notre ère.) Il était décoré avec un luxe extraordinaire: l'or, l'argent, l'ivoire, les tapisseries, les bois précieux y étaient à profusion. Rien ne semblait trop beau au peuple choisi pour honorer là son Dieu.

Marie, elle, est le Temple et le Tabernacle du Dieu vivant, Temple et Tabernacle non faits de mains d'homme sous quelques grands de la terre, mais édifiés par la sagesse du Tout-Puissant. Tout comme le Temple de Jérusalem, ce temple nouveau a été préparé pour rendre à l'Auteur de toutes choses les hommages qui lui sont dus et il a été orné également avec un luxe inouï: on y voit à profusion l'or de l'amour divin, l'argent de la foi et de la confiance en Dieu, l'ivoire de l'innocence, les tapisseries et les bois précieux des vertus. Le Dieu de toute bonté n'a épargné aucune richesse de la grâce pour la visite du Prince véritable des Anges et des hommes.

2o Une particularité du Tabernacle et du Temple qui inspire à Antoine des élévations sublimes sur l'éminente sainteté de Marie, c'est la porte du sanctuaire du côté de l'orient.

Le sanctuaire intérieur, c'est la divinité de Jésus; le sanctuaire extérieur, c'est son humanité; et Marie est la porte du sanctuaire, tant du Tabernacle que du Temple. Cette porte était placée du côté de l'Orient, afin d'y laisser pénétrer les rayons du soleil levant.— Cette porte est le symbole expressif de Marie: elle s'ouvre comme elle du côté de l'orient, pour laisser passer les rayons du divin Soleil de justice, le Verbe dans la chair, la lumière de vérité destinée à illuminer l'esprit humain.

Antoine fait remarquer que le chemin qui conduit à cette porte, c'est l'humilité. L'humilité, c'est la vérité: grâce à l'humilité Marie confesse la bassesse de ses origines et proclame en même temps la grande faveur que lui vaut l'Incarnation; les prédilections dont elle est l'objet, n'enlèvent rien à sa modestie.— De même l'âme qui sait reconnaître le tout de Dieu et lui renvoyer la gloire du bien opéré par elle, laisse pénétrer librement en ses facultés la lumière de la révélation symbolisée par les lueurs de l'aurore à l'orient.

Mais la porte du sanctuaire sera fermée, dit Jahweh au Prophète dans sa vision. Elle ne s'ouvrira à aucun homme, ni au prince de ce monde; elle s'ouvrira seulement devant le Prince véritable. Il s'assoiera en elle et y mangera du pain devant Jahweh.— Appliquée à Marie, cette porte fermée à tout homme signifie la virginité qui n'a nullement été entamée par son mariage avec Joseph. Elle signifie aussi son éclatante pureté que n'a pu altérer aucune suggestion du prince de ce monde, c'est-à-dire du diable avec ses suppôts. Les pensées, les paroles, et les actes de Marie étaient inspirés de sa foi et devenaient ainsi l'expression admirable de sa charité envers Dieu et le prochain. Par un effet de sa sagesse et de sa puissance, seul le Prince véritable, Jésus, a pu s'asseoir en elle dans l'humilité de la chair, afin de manger le pain devant le Seigneur, c'est-à-dire afin d'accomplir la volonté de son Père qui l'a envoyé. En effet, en elle le Verbe s'est fait chair et Il a habité parmi nous. Dans la chair comme dans la Trinité, Il reste vérité, bien que la vérité créée pénètre également en son âme humaine par ses sens et ses puissances; et dans ce nouveau mode d'existence Il se plaît à accomplir la volonté de son Père dans un perpétuel holocauste, au moins en esprit, de l'humaine nature qu'Il tient de Marie sa mère.— Puisqu'Il est l'exemplaire du créé, le modèle proposé à toute créature raisonnable, Sa mère Marie aura nécessairement quelque chose de son Fils bien-aimé dans son âme comme dans sa chair: elle laissera son esprit s'illuminer uniquement des

rayons de la vérité qu'Il est Lui-Même; elle laissera son cœur
se réchauffer au contact de sa charité qu'il est Lui-même; elle
s'emploiera comme Lui à proclamer la gloire du Père par tous
les élans de son zèle.

Conclusion.— Voilà donc comment Marie est le Tabernacle
ouvert du côté de l'orient, la porte du temple fermé à tout autre
qu'au Prince véritable, le Christ-Roi. En terminant, servons-
nous du langage d'Antoine de Padoue pour lui adresser nos
compliments et réclamer sa puissante protection.

PRIÈRE

*O Marie, vous êtes vraiment le Tabernacle de Dieu, fermé
au démon, au monde, à la nature, par un triple mur de vertus, mais
ouvert seulement du côté de l'orient au Verbe dans la chair, pour
qu'Il s'y repose et accomplisse en notre humaine nature la volonté
de son Père qui L'a envoyé!*

*O Marie, vous êtes la porte du Temple, fermée à tout ce qui
n'est pas Dieu par les vertus de virginité et d'étonnante pureté,
mais ouverte sans cesse aux rayons du divin Soleil de justice pour
illuminer et réchauffer tout l'intérieur du sanctuaire !*

*Faites donc, qu'à l'exemple du Saint de Padoue, notre âme
devienne de même le tabernacle de votre divin Fils, fermé lui aussi
aux suggestions du démon, du monde, de notre nature corrompue,
mais ouvert toujours aux inspirations et à la lumière de la grâce.
Puisque vous êtes la porte par où passe l'Auteur du salut et que vous
portez pour cela le beau nom de Marie-Médiatrice, donnez-nous
Jésus dans notre esprit, dans notre mémoire, dans notre volonté,
pour que par Lui, avec Lui, en Lui, nous reposions en vous et que
tous ensemble nous accomplissions la volonté de Celui qui nous
a créés pour manifester ses perfections infinies. Amen.*

Marie et les tentures au-dessus du tabernacle

20 novembre 1946

Au-dessus du Tabernacle de Moïse tel que décrit dans l'Exode, il y avait des tentures de lin retors, de pourpre écarlate, violette, cramoisie. D'après saint Antoine, le Tabernacle est la figure de Marie, les panneaux qui le forment désignent toutes ses vertus, et les tentures au-dessus sont les membres de l'Église de Dieu au ciel et sur terre.

Antoine fait preuve d'une grande ingéniosité pour faire admirer l'ornementation du Tabernacle en regard de la gloire des justes et des saints, qui rejaillit sur la Vierge seule, modèle et source de toutes vertus.

Je laisse ici la parole à saint Antoine.

* * *

Les panneaux des vertus ainsi disposées en trois murs (pour former le Tabernacle de Marie), voilà qu'on place au-dessus un toit de lin, de poils de chèvres, de peaux écarlates et cramoisies. Sur la Vierge seule rejaillit la vie de tous les saints. Elle est capable de toutes les vertus.

Notez que l'Église du Christ est divisée en militante et triomphante. L'Église militante: voilà les tentures de lin et les rideaux de poils de chèvres. L'Église triomphante: voilà les peaux teintes de rouge et de cramoisi.

Les diverses tentures venant d'habiles tisseurs, c'est-à-dire les tentures faites de fils de diverses couleurs, ou faites à l'aiguille avec adresse et de différentes couleurs, désignent tous les justes de l'Église militante.— Dans le lin retors on peut voir les bons religieux, en qui apparaissent les délicatesses de la chasteté et de l'abstinence du jeûne. Dans le bleu azur sont désignés ceux qui renoncent aux choses terrestres et demeurent comme suspendus à la douceur de la contemplation. Dans la pourpre on reconnaît ceux qui, au souvenir de la Passion du Seigneur, se crucifient et se tiennent debout devant le Crucifié et le contemplent des yeux de l'esprit comme s'il était de nouveau suspendu sur le bois de la croix, comme s'il laissait couler de son côté de l'eau et du sang, comme s'il rendait son âme en inclinant la tête; et ils se répandent en torrents de larmes. Dans l'écarlate deux fois teint, sont désignés ceux qui brûlent d'amour de Dieu et du prochain. Dans les rideaux de poils de chèvres, on entend les pénitents qui veulent expier les péchés commis dans le sac et la cendre. (J'ai expliqué le sens de ces rideaux dans l'Évangile du saint jour de Pâques, vers la fin.)

De même par les peaux teintes de rouge, on désigne les Martyrs qui ont lavé leur robe dans le sang de l'Agneau et qui, en triomphant du monde, sont parvenus couverts de lauriers à l'Église triomphante. Dans les tentures bleues de tous les confesseurs dont la conversation est dans les cieux, on désigne ceux qui sont passés de l'espoir à la réalité.

Tout le temps que la Bse Marie fut dans cette Église militante, elle a possédé les vertus de tous les justes. De là ces paroles de l'Ecclésiastique, 24, 23:

> En moi se trouve toute grâce de voie et de vérité;
> en moi est tout espoir de vie et de vertu.

Aussi a-t-elle eu compassion trop grande envers les pénitents. De là ces paroles: Ils n'ont plus de vin. S. Jean, 2, 3. C'est comme si elle disait: O mon Fils, donne aux pénitents la grâce de ton amour, parce qu'ils n'ont plus le vin de la componction.

Maintenant elle règne dans la gloire où elle possède la récompense de tous les saints, parce qu'elle a été exaltée au-dessus des chœurs des Anges. Voici le Tabernacle non fait de mains d'hommes, c'est-à-dire de la nature, mais construit par la grâce de l'Esprit-Saint et dédié à Dieu. Disons donc:

> Que Jahel soit bénie dans son tabernacle ! Amen.

* * *

Ici finit le texte d'Antoine de Padoue.

Quel spectacle grandiose que ce tabernacle de Moïse avec ses tentures si variées et si voyantes devenu simple figure de la Mère de Dieu entourée de la cour céleste !

1.— *Le symbole:* Jetons de nouveau un coup d'œil sur l'ornementation du Tabernacle dont il est aujourd'hui question.

Le mur d'enceinte était fait de tentures de lin retors. Ces tentures étaient soutenues par des colonnes aux socles dorés et aux chapitaux d'argent. A la porte d'entrée à l'orient tombait un rideau de vingt coudées et montrant des dessins variés en fils de pourpre violette ou écarlate et cramoisie. La hauteur de ce rideau était de cinq coudées, comme d'ailleurs celle de toute l'enceinte.

A l'intérieur du parvis, le Tabernacle proprement dit était beaucoup moins spacieux, mais de cinq coudées plus élevé que le mur tout à l'entour. Au-dessus du sanctuaire s'étendaient quatre couvertures: la première était un voile de lin retors, tissu de fils de pourpre violette et écarlate; la deuxième était en poils de chèvres; la troisième était en peaux de béliers teintes de rouge; une quatrième était en peau de dugong, sorte de mammifère marin.

Tous ces dispositifs déterminés par Dieu ont eu pour résultat d'unir à son chef Moïse le peuple Juif et de développer en lui une foi et une fierté nationale, comme il ne s'en trouve guère chez aucun peuple de la terre. Le Tabernacle avec ses tentures et ses constituants a donc été comme un lien puissant et fort, pour unir à Dieu et entre eux les habitants d'Israël. Tout cela n'est pourtant qu'un symbole par rapport à des réalités plus hautes.

2.— *La réalité:* Marie est le Tabernacle vivant du Verbe dans la chair, le vrai sanctuaire où Dieu habite parmi les hommes. Et ces tentures qui entourent l'enceinte et les quatre couvertures au-dessus du toit ne sont que le symbole des fidèles qui entourent Marie de vénération et représentent les différentes catégories de justes dans l'Église militante et triomphante.

Sur terre voyez et admirez: 1° les bons religieux en qui se voient les délicatesses de la chasteté et l'abstinence du jeûne;

2° les âmes détachées des biens terrestres et attachées seulement aux douceurs de la contemplation; 3° les amants de la Passion de Notre-Seigneur pleurant avec Lui les péchés du monde; 4° les pénitents qui veulent expier dans le sac et la cendre, ainsi que les dévôts à l'amour de Dieu et du prochain. Ce sont les quatre sortes de fidèles signifiés par les quatre tentures qui couvrent le toit du tabernacle.

Au ciel le spectacle est plus beau. Il y a les martyrs qui ont lavé leur robe dans le sang de l'Agneau et les confesseurs dont la conversation est dans les cieux, symbolisés par les peaux teintes en rouge et le bleu azur des dessins dans les tentures.

Toutes ces tentures qui bordent le parvis et couvrent le Tabernacle, nous montrent qu'elles n'ont de valeur qu'en fonction du lieu destiné au culte et que le sanctuaire même n'a de raison d'être que pour rendre au Dieu trois fois saint les hommages d'adoration, de louange, d'expiation, de demande qui lui sont dûs. Tout cela n'est que la figure de Marie et de l'Emmanuel venu par elle dans la chair et retourné avec elle dans les cieux à la droite du Père, pour être le modèle et la source de toute sainteté.— Quelque vénérable que soit le Tabernacle, il n'est que le symbole de Marie,

en qui se trouve toute grâce de voie et de vérité;
en qui est tout espoir de vie et de vertu.

Quelque voyantes et majestueuses que soient les tentures et couvertures du Tabernacle, elles ne sont que le reflet bien pâle de l'éclatante et incomparable phalange des fidèles et des élus autour du trône de gloire, déposant leur couronne aux pieds de l'Agneau et disant avec Marie: Louange, honneur, gloire et puissance dans les siècles des siècles ! Amen.

Voilà bien le Tabernacle non fait de mains d'hommes, mais construit par la grâce de l'Esprit-Saint et dédié à Dieu pour l'éternelle louange. L'Esprit-Saint avait donc raison de dire ces paroles du cantique de Débora et de Barac déjà cités:

Que Jahel soit bénie dans son Tabernacle ! Amen.

C'est-à-dire que Marie sous la figure du Tabernacle soit bénie entre les femmes qui habitent la terre.

Prière

O Marie, tabernacle vivant de Jésus, soyez bénie parmi les croyants actuels, comme le Tabernacle au temps de Moïse a été béni parmi les Juifs !

Puissions-nous par notre détachement du créé et notre amour du Sauveur, de même que les tentures aux diverses couleurs qui entouraient et couvraient le Tabernacle, ajouter de l'éclat à votre splendeur dans la cour céleste !

Plaise à Dieu qu'unis aux vôtres et à ceux de votre Fils immolé, nos humbles prières et nos pauvres mérites aient plus de prix à ses yeux et nous vaillent de participer à l'éternelle louange !

Les armes de Jahel et de Marie contre leur ennemi

4 décembre 1945

A la fin de son premier sermon sur la Purification Antoine a montré en Jahel une figure de Marie. Or cette femme a délivré les Juifs de leurs ennemis les Chananéens, en tuant leur chef Sisara, qui s'était retiré sous sa tente.

Le mot tente, tabernacle du mot latin tabernaculum, a inspiré Antoine de voir dans le tabernacle de Moïse une allégorie de la Mère de Dieu, tabernacle du Très-Haut, entouré d'un mur de vertus, ouvert à l'Orient de la grâce, recouvert des saints de l'Église militante et triomphante tel le tabernacle des tentures. Tout cet ensemble constitue son deuxième sermon.

Le troisième continue d'exalter d'abord Marie dans les armes dont use Jahel contre Sisara et les dispositions qu'elle apporte en lui offrant du lait, et ensuite les croyants dans les tourterelles, le cierge de la chandeleur, le chant d'actions de grâces de Siméon. Pour aujourd'hui voyons les armes dont se sont servi Jahel et Marie contre leur ennemi Sisara et le diable. Écoutons saint Antoine lui-même avant le commentaire destiné à faire ressortir sa pensée. Antoine veut parler de Sisara, chef des Chananéens, refugié dans la tente de Jahel.

* * *

Il demanda de l'eau et elle lui donna du lait,
dans la coupe d'honneur elle lui offrit le lait le plus pur.

Sisara est synonyme de sans joie et signifie le diable. Privé du bonheur de la vie éternelle, il ne néglige aucun effort pour en priver à jamais les fidèles. A ce malheureux, assoiffé de l'eau de la concupiscence, Jahel, a donné du lait.

Ce fut, en effet, de conseil divin, de cacher au diable le sacrement de l'Incarnation du Seigneur. Quand il vit la Bse Marie, mariée à un homme, enfantant un Fils et le nourrissant de son lait, il la crut violée et il lui demanda en reconnaissance l'eau de la concupiscence. Mais tout en allaitant son Fils, Marie l'a trompé et, avec la clé du Tabernacle et le marteau, elle l'a tué. La clé qui sert à fermer le Tabernacle, désigne la virginité de Marie; et le marteau en forme de Thau désigne la croix du Christ. Donc Jahel, c'est-à-dire Marie, avec la clé du Tabernacle (c'est-à-dire par la virginité de son corps), et le marteau (c'est-à-dire par la Passion de son Fils), a tué le diable.

De là ces paroles du Livre de Judith, 16, 16. Une femme juive a jeté la confusion dans la maison de Nabuchodonosor. Voici, en ffet, qu'Holoferne git sur la terre sans vie; et sa tête même est éparée de son corps.

Adonaï, Seigneur, Dieu grand et admirable, gloire à toi, parce ue tu nous a donné le salut par la main de ta fille et Mère, la glo- ieuse Vierge Marie !

* * *

D'après saint Antoine donc, Jahel délivrant son peuple en uant Sisara avec une clé et un marteau, c'est Marie délivrant les royants du joug de Satan avec la clé de sa virginité et le mar- eau de la Passion. Pour mieux réaliser la justesse de ces rappro- hements, voyons d'abord le rôle de Sisara et du diable en regard e celui de Jahel et de Marie; et ensuite les armes qui servent à es femmes contre leurs ennemis.

.— *Les rôles de Sisara et du diable* à première vue présentent bien peu d'analogies. Il fallait l'ingéniosité d'Antoine pour les découvrir.

a) *Sisara:* Malheureux chef défait par Barac, seul survivant 'une immense armée taillée en pièce sur le mont Thabor, isara, dis-je, s'enfuit sans espoir de salut. De loin il voit une ente, celle d'Haber le Cinéen, ami de son maître Jabin et époux e Jahel. Cette vue fait miroiter à ses yeux une lueur d'espoir. et espoir se raffermit, quand il entend l'aimable invitation de ette femme à se reposer sous sa tente.

Il ignore quels sont ses sentiments à son égard; mais il croit la sincérité de ce geste d'hospitalité. Il accepte donc. Il reçoit vec reconnaissance une couverture qui pourrait le dérober à la ue de ses ennemis à sa recherche, et, brisé de fatigue, il se laisse agner par le sommeil. Éveillé par les cauchemars, il demanda

de l'eau et Jahel lui donna du lait dans une coupe d'honneur
Il s'endormit ensuite profondément. C'est là que Jahel accom
plit l'acte héroïque et cruel qui la délivra ainsi que son peupl
d'un terrible ennemi, cause d'effusion de tant de sang. Bien qu
femme d'un ami des Chananéens, Jahel était probablemen
Juive. Sisara a beau être désarmé pour l'heure, il est toujour
à craindre et il est du devoir de tout cœur vraiment patriote d
s'en libérer à tout prix. Fallût-il même infliger une mort igno
minieuse !

Par ce geste Jahel est comparable à Judith, qui a délivr
les Juifs des Assyriens, en coupant la tête de leur chef Nabu
chodonosor avec sa propre épée. Dans cette délivrance de
Assyriens et des Chananéens par la mort de leurs chefs Sisar
et Nabuchodonosor, deux faibles femmes, Jahel et Judith
appuyées sur Dieu et animées du seul désir d'être utiles à leu
peuple, terrassent un terrible ennemi en exposant leur vie et e
déployant une force au-dessus de l'humaine nature. Le succè
a couronné leurs efforts et elles ont mérité d'être proposées e
exemple à toutes les nations.

b) *Le diable:* Satan, c'est bien ce Sisara, ennemi des Juifs
synonyme de sans joie.

Ennemi de Dieu dès le commencement, vaincu par sain
Michel et privé à jamais de la jouissance du Souverain Bien
il est assoiffé des plaisirs du temps et, par jalousie, il les offr
sans cesse aux humains pour les priver avec lui de la béatitude
Personne n'est épargné depuis le péché du premier homme
Voyant l'épouse de Joseph mère d'un enfant et la croyant comm
les autres femmes accessible à ses suggestions, le diable os
approcher même de Nazareth. Il veut tenter Marie, en lui de
mandant l'eau de la concupiscence.

LES LOUANGES A MARIE

Mais il va se buter à plus fin et plus fort que lui. En vue de son futur rôle de Mère de Dieu, Marie a été immaculée dans sa conception et à cette fin elle est à jamais exempte de toute inclination au mal. (Remarquons que saint Antoine disait ces vérités au début du treizième siècle, six cent trente ans avant la proclamation du dogme!) Satan demande donc à Marie l'eau de la concupiscence et elle lui donne du lait, le lait le plus excellent.

Ce lait dont il ignore la nature, le diable, à l'instar de Sisara, l'accepte d'abord avec reconnaissance, comme pour satisfaire son appétit de jouissance sensible. Mais ce lait l'enivre, le paralyse et à la fin le terrasse. Car ce lait excellent entre tous, c'est Jésus que Marie, a conçu par l'opération du Saint-Esprit et qu'elle donne au monde, pour être le modèle de tous les hommes et les délivrer à jamais de leurs ennemis. Une condition toutefois est requise, c'est que les croyants s'immolent avec lui sur le bois de la croix. Sinon en vérité par le crucifiement du martyre, au moins en esprit par l'accomplissement fidèle du devoir quotidien.

Voilà en quoi, d'après Antoine, le rôle de Sisara vis-à-vis Jahel est comparable au rôle du diable vis-à-vis Marie.

2.— *Les armes dont se servirent Jahel et Marie contre leurs ennemis, vous sont connues.*

Pour Jahel, ce sont la clé du Tabernacle et un marteau. Cette clé en guise de clou elle l'appliqua sur la tempe de Sisara pendant le profond sommeil où l'a plongé le nectar précieux et avec le marteau en forme de Thau elle l'enfonça si bien qu'il atteignit le parquet et causa instantanément la mort de l'ennemi de son peuple.

Pour Marie, la clé du Tabernacle, d'après Antoine, c'est sa virginité et le marteau en forme de Thau, c'est la croix de la Passion de Jésus. Sa virginité est comme la clé qui tient son cœur fermé aux convoitises charnelle; mais, ô miracle de la toute-puissance divine ! cette virginité ne l'empêche pas de concevoir dans sa chair le Verbe de Dieu qu'elle a déjà conçu en plénitude dans son esprit. Selon l'explication donnée par Gabriel à Marie elle-même: « *L'Esprit-Saint surviendra en elle. La vertu du Très-Haut le couvrira de son ombre. Et ce qui naîtra d'elle sera le Fils de Dieu.* » Luc 1,35. Mais ce Fils qu'elle a donné au monde, voilà que le monde trop matériel pour le reconnaître n'en a point voulu et l'a crucifié avec le marteau de la Passion.— Ce sacrifice d'agréable odeur Marie l'offre au Père avec son Fils pour se libérer ainsi que son peuple du joug de l'irréductible ennemi du genre humain, le diable. Et Notre Père des cieux ne peut pas ne pas l'accepter pour la rédemption des hommes créés à l'image de son Fils. Avec l'acceptation du Père, le sacrifice de Jésus et de Marie tuera à jamais chez les élus fidèles à la grâce non plus seulement la figure, Sisara, mais le véritable ennemi du nom chrétien, le démon.

Telles sont les armes de Jahel et de Marie avec le fruit de leur victoire.

Antoine termine ces sublimes considérations par un hymne de louange à la divinité, agréable à Marie dans notre bouche comme dans la sienne.

> *Adonaï, Seigneur, Dieu grand et admirable, gloire à Toi !*
> *Parce que tu nous as donné le salut,*
> *par la main de Ta Fille et Mère,*
> *la glorieuse Vierge Marie !*

Prière

O Épouse du Saint-Esprit, Fille et Mère de Dieu, glorieuse Vierge Marie, vous qui par votre Conception Immaculée et votre Maternité divine n'avez donné aucune prise à l'ennemi de tout bien et n'avez point hésité à endurer dans votre cœur les douleurs du crucifiement de votre Fils bien-aimé pour mériter au genre humain le bienfait de la Rédemption,

ayez pitié de tous nos égarements, suite du péché de notre premier père.

Par les mérites infinis de la Passion de Jésus et de vos propres souffrances, obtenez-nous le pardon de nos péchés et la persévérance finale.

Ces immenses bienfaits seront la suprême glorification de notre Dieu et le couronnement de votre mission au ciel et sur terre. Puissiez-vous mériter de nous tous un jour cette souveraine louange à la gloire de notre Dieu ! Amen.

Dispositions de Jahel et de Marie en leur offrande à Sisara et au diable

11 décembre 1946

Antoine trouve un signe expressif des dispositions de Marie au Temple dans un détail du Cantique de Débora, où elle raconte l'action de Jahel à l'égard de Sisara sous sa tente. Assoiffé par la fatigue et quelque temps de repos, Sisara s'éveilla et demanda de l'eau. Avec une certaine emphase, la prophétesse Débora continue, disant:

Dans une coupe d'honneur, elle lui donna du lait très pur.

Aux yeux d'Antoine ces trois mots recèlent un sens qui manifeste chez Jahel d'abord et chez Marie ensuite une conscience aigue des convenances en ce moment solennel de la présentation du lait et de Jésus.

Écoutons d'abord Antoine et nous tâcherons ensuite de saisir la leçon.

Mais il faut le noter, l'auteur appuie sur ces mots: Dans une coupe d'honneur elle lui donna le lait le plus pur. Cette parole appelle les observations qui suivent. Voyons donc ce que signifient les trois mots employés dans cette sentence: phiala, coupe; principum, princes; et butyrum, lait le plus pur.

Phiala, coupe *désigne l'humilité de la pauvreté;* principum, princes, *les Apôtres;* et butyrum, le lait le plus pur, *l'humanité de Jésus. Donc, dans l'humilité de sa pauvreté qu'auront les Apôtres, riches en foi mais pauvres en ce monde, elle a offert aujourd'hui au temple le lait le plus pur, à savoir le Fils qu'elle avait engendré.*

C'est de ce Fils qu'Isaïe dit, 7, 15: Il mangera le lait et le miel. Le miel figure la divinité; le lait l'humanité. Il a mangé le lait et le miel, quand Il a uni la nature divine et la nature humaine, et, par cette union, Il a su, c'est-à-dire Il nous a enseigné à repousser le mal et à choisir le bien, Is, 7, 15.

Elle a offert son Fils dans sa pauvreté et avec Lui, le sacrifice du pauvre, c'est-à-dire une paire de tourterelles et deux petits de colombes, selon ce qui est écrit dans la Loi du Seigneur au Lévitique, 12, 2: « La femme qui conçoit et enfante un fils, sera impure pendant sept jours. » *Mais cette prescription ne concernait pas celle qui est restée vierge dans son enfantement. Donc, ni le Fils, ni la mère n'avaient besoin d'être purifiés par ces sacrifices; (s'ils ont été offerts) c'est afin de nous délivrer de la crainte de la Loi, c'est-à-dire de l'observation de la Loi qui était respectée par crainte. Et là, on ajoute: Lév.* 12, 8: Lorsque les jours de la Purification seront arrivés, ils offriront un agneau à la porte du Tabernacle... Si on ne trouve pas de quoi se procurer un agneau, qu'on offre deux tourterelles ou deux petits de colombe... *C'était l'offrande des pauvres qui n'avaient pu offrir un agneau afin de manifester en tout l'humilité et la pauvreté du Seigneur. Ceux qui sont vraiment pauvres, font cette offrande.*

Que retenir de ces considérations d'Antoine ? Si ce ne sont les dispositions de Jahel et de Marie dans la présentation de leur offrande.

1.— *Les dispositions de Jahel* sont l'humilité, l'honneur, la générosité.

Un malheureux désarmé cherche un gîte qui le protège contre ses ennemis vainqueurs. Elle lui offre le seul qu'elle ait, l'humble tente où elle habite avec son époux Haber, le Cinéen.

Assoiffé, Sisara demande de l'eau. Elle saisit sa coupe d'honneur, réservée sans doute pour les grandes circonstances. Elle s'en sert en faveur d'un étranger aujourd'hui son hôte, comme pour le traiter avec honneur et loyauté.

Et elle y dépose plus qu'il n'a désiré. Au lieu d'eau, elle lui donne du lait. Elle est fidèle jusques là à toutes les lois de l'hospitalité. Quand elle réalisera, cependant, que cet étranger est un ennemi de son peuple, qu'elle le tient sous sa garde désarmé et impuissant, qu'il est en son pouvoir de l'anéantir à jamais et de délivrer son peuple de cette terrible menace toujours suspendue sur sa tête s'il reste en vie, alors, mais alors seulement, elle se décide d'aller au plus sûr et d'accomplir l'action d'éclat qu'on connaît. C'est une souveraine générosité de sa part, non plus à l'égard d'un ennemi irréductible et toujours à craindre, mais à l'égard de son peuple qu'elle est prête à protéger, en donnant sa vie à Dieu, pour qu'Il s'en serve comme d'un instrument de vengeance contre ses ennemis à Lui, qui sont en même temps les ennemis de son peuple converti et repentant.

Qui sacrifiera sa vie, la sauvera, dit Jésus. Voilà que Jahel sauve sa vie et celle de son peuple en exposant la sienne dans un cruel corps à corps avec un ennemi plus fort. Puisqu'elle en renvoie

toute la gloire à Dieu, Dieu sera avec elle et la fera triompher
à la louange et à l'admiration de son peuple:

Bénie soit Jahel, entre toutes les femmes d'Israël.

2.— *Les dispositions de Marie* dans la présentation de son Fils
au Temple sont de même l'humilité, la foi, la générosité,
et ces trois vertus, Antoine en trouve un signe dans les
termes employés par Débora: coupe, prince, lait très pur.

La coupe, pour Antoine, désigne l'humilité de la pureté.
De fait quelle humilité et quelle pureté en Marie et Joseph lors
de la Présentation au Temple ! A la naissance de leur premier-né,
les mères offraient en sacrifice un agneau, mais les plus pauvres
se contentaient de colombes ou de tourterelles. C'est l'offrande
que choisit Marie à cause de la grande pauvreté de son époux.
La coupe dont se sert Jahel pour Sisara, rappelle donc à Antoine
l'humilité et la pauvreté de Marie quand elle offrit au Seigneur
une paire de tourterelles au jour de sa présentation selon la
Loi du Lévitique.

Mais à côté du mot coupe, il y a le mot prince, *in phiala
principum*, ce qui lui donne le sens de coupe d'honneur pour
signifier en plus de l'humilité, la loyauté en Marie comme en
Jahel. Jahel traite son hôte en prince en le servant dans une
coupe d'honneur et Marie manifeste en plus de l'humilité dans
sa pauvre offrande, une loyauté de prince et d'apôtre à respecter
même jusqu'à l'apparence des volontés de son Maître. Voyez
comment.

D'après le Lévitique, *la femme qui conçoit et enfante un fils
sera impure pendant sept jours. Pour sa purification elle offrira
un agneau, ou si elle est pauvre, une paire de colombes.* Marie a
conçu et enfanté un fils, son bien-aimé Jésus. Oui, mais sans

contact viril, par la seule opération du Saint-Esprit. Elle était restée vierge dans son enfantement comme dans la conception de son Fils. Elle n'avait donc nul besoin d'être purifiée. La loi générale n'atteignait nullement ce cas d'exception. Elle le savait, sa foi était pleinement consciente.

Néanmoins, sa loyauté de Reine des apôtres lui fait un devoir de se soumettre à la loi en tout hormis le péché. Dans sa sagesse, elle respecte la loi; pour édifier même sans y être tenue elle observe ses moindres prescriptions quand cette observance n'implique pas une imperfection. En un mot, c'est en Marie l'humilité dans la pauvreté allant de pair avec une loyauté qui s'élève jusqu'à la magnanimité. Tel est aux yeux d'Antoine le sens profond de la coupe d'honneur de Jahel, « in phiala principum. »

— Et c'est dans cette coupe d'honneur que Jahel offre *un lait excellent et Marie, Jésus.*

Nous savons quelle fut la générosité de Jahel et comment elle l'exerça non plus seulement en respectant les lois de l'hospitalité, mais en s'exposant à une mort cruelle pour sauver son peuple d'un tyran désarmé sous sa main.

Mais qui dira la générosité de Marie envers son Père et envers le genre humain !

Butyrum, le lait le plus excellent offert dans la coupe d'honneur c'est l'humanité de Jésus qu'elle a engendrée. De lui, Isaïe a dit

Il a mangé le lait avec le miel.

Le lait, c'est l'humanité de Jésus; le miel, c'est sa divinité. Il a mangé le lait avec le miel; c'est-à-dire, d'après l'explication de saint Antoine, il a uni la nature divine à la nature humaine et par cette union, il a enseigné à repousser le mal et à faire bien. En d'autres termes, Il a montré à tout sacrifier pour le Souverain Bien.

Marie a été la première personne sur terre à apprendre et retenir cette difficile leçon. L'humanité de Jésus qu'elle tient de la libéralité de l'Esprit-Saint, elle l'offre au Seigneur aujourd'hui dans le Temple. Au témoignage de sujétion et de reconnaissance, elle offre à cause de sa pauvreté des tourterelles et non un agneau. Et comme le démon a déjà, par le péché, mis la main sur les individus en possession de l'humaine nature, il ne laissera échapper Jésus qu'en l'immolant sur le Calvaire par la malice de tous les hommes. Mais comme Marie, de même que Jésus, sait à cause de son innocence et de sa maternité divine discerner le bien du mal, et consentir comme son Fils à ce sacrifice suprême pour la glorification souveraine de Dieu, elle n'hésite pas devant cet acte autrement héroïque que celui de Jahel. Un glaive lui transpercera le cœur, mais elle aura la consolation unique d'être avec son Jésus la Co-Rédemptrice du genre humain.

Et voilà comment les trois mots *in phiala principum butyrum* utilisés et pour Jahel quand elle offrit du lait à Sisara, sont les signes manifestes de trois vertus de Marie au jour de la Présentation de son Fils au Temple.

— l'humilité de sa pauvreté,
— une loyauté allant jusqu'à la magnanimité,
— une générosité capable du martyre du cœur non moins
   cruel que le crucifiement.

* * *

En terminant, empruntons le langage des anciens d'Israël quand après la mort d'Holopherne ils se portèrent au devant de

Judith qui allait à la rencontre du grand-prêtre Joachim à
Béthulie:

> *Tu es la gloire de Jérusalem !*
> *Tu es la joie d'Israël !*
> *Tu es l'honneur de notre peuple.*
> *Car tu nous a montré une âme virile.*
> *Et ton cœur a été plein de vaillance.*

O Sainte Mère de Dieu, daigne agréer aujourd'hui, pour
l'honneur de notre Père des Cieux, cette humble prière de tes
enfants à l'écoute. Donne-nous les vertus que tu as manifestées
dans ta Purification:

— une humilité profonde dans notre grande pauvreté,
— une loyauté qui nous rende toujours fidèles à notre foi,
— une générosité qui ne sait jamais forfaire au devoir
    même s'il devait coûter la vie. Amen.

La tourterelle et la colombe, symbole du pénitent

18 décembre 1945

En la présentation de Jésus au Temple au jour de la Purification, Marie et Joseph ont offert au Grand Prêtre le sacrifice des pauvres: une paire de tourterelles ou de colombes. De la part d'Antoine cette offrande nous vaut une longue digression sur les mœurs de ces oiseaux et par analogie sur les dispositions du véritable pénitent. Après les louanges à Marie viennent celles des croyants qui veulent imiter Marie.

Admirons comment saint Antoine sait se servir de la nature pour préciser des notions sur la perfection. Nous verrons ensuite saint Jean de la Croix, recourir au même procédé, pour expliquer sa sublime doctrine.

* * *

1.— Écoutons d'abord saint Antoine.

Notez que si la tourterelle a perdu son compagnon, elle en souffre tout le temps de son absence. Elle va solitaire, ne boit pas d'eau claire et ne se repose point sur le rameau vert.— De même la colombe est simple; avant les autres oiseaux elle bâtit son nid austère et pauvre; son bec et ses griffes ne lui servent en aucune façon au heurt ou au pillage; elle nourrit ses poussins des mets qu'elle a ramassés, jamais avec de la charrogne; elle évite de faire irruption parmi les autres oiseaux même parmi les plus petits et manifeste de la sollicitude pour les petits des autres comme pour les siens. Elle réside près des cours d'eau, pour s'arracher à l'oiseau de proie; elle fait son nid dans la pierre, s'y envole à l'approche de la tempête; elle se défend avec ses ailes, vole par troupe, fait entendre un roucoulement au lieu d'un chant; elle est féconde et sait nourrir des jumeaux.

Notez également que, quand la colombe fait son nid et que ses poussins grandissent, le mâle va sucer la terre salée. Ce qu'il en extrait, il le met dans le bec des poussins pour les accoutumer à la nourriture. Et si la femelle retarde à venir à cause des douleurs causées par la couvée, le mâle la frappe et la ramène de force au nid.

Ainsi font les pauvres par l'esprit, à savoir les vrais pénitents. Parce qu'ils ont perdu l'époux de leur âme, c'est-à-dire Jésus-Christ, ils vivent seuls loin du tumulte du siècle dans la solitude d'esprit et même du corps. Ce n'est pas l'eau claire de la joie du cœur qu'ils boivent, mais l'eau trouble de la douleur et du gémissement: Mon âme est troublée, *dit le Seigneur,* Ps. 6, 4. *Ils ne se reposent pas sur le rameau verdoyant de la gloire temporelle. De ce rameau, Ezéchiel dit, 8, 17:*

Voici qu'ils portent le rameau à leur nez.

Le rameau de la gloire temporelle, ils le portent à leur nez, pour ne point sentir la puanteur du péché et de l'enfer.

Semblablement (les pénitents) sont simples comme des colombes. Le nid de leur conversation et même leur propre lit où ils dorment, ils le font austère et pauvre. Ils ne heurtent personne et même ils épargnent ceux qui les blessent les premiers. Par la parole de Dieu ils refont ceux qui leur sont confiés et la grâce dont ils jouissent ils la partagent volontiers avec autrui. La charrogne, à savoir le péché mortel, ils savent ne pas se l'incorporer (en en faisant leur nourriture). Selon le vers du poète, les chairs mortes tombent par le fer comme de mort naturelle. Ils ne scandalisent ni les grands, ni les petits. Ils se nourrissent de grains purs, à savoir de la doctrine de l'Église et non de l'erreur immonde des hérétiques. Se faisant tout à tous, ils sont aussi zélés pour le salut du prochain que pour leur propre salut; car ils aiment tout le monde dans les entrailles de Jésus-Christ. Ils établissent leur demeure près du cours d'eau des Écritures Saintes, afin de prévoir la tentation qui menace de les ravir et de l'éviter quand elle a été prévue. C'est dans la caverne de la pierre, à savoir dans le côté de Jésus-Christ, qu'ils font leur nid, et, si s'élève quelque tempête de tentation charnelle, ils se réfugient dans le côté du Christ et s'y cachent, disant avec le prophète, Ps. 60, 4:

Soyez pour moi comme une forteresse contre mon ennemi.

ou encore, Ps. 70, 3:

Soyez pour moi un asile inaccessible où je puisse me retirer.

Ce n'est pas avec les griffes de la vengeance qu'ils se défendent contre ceux qui les attaquent, mais avec les ailes de l'humilité et de la patience. « Le meilleur genre de victoire, dit le philosophe, c'est la patience ». Ou encore: « La patience, c'est le support des misères de la vie ». Dans l'unité de l'Église avec l'ensemble des fidèles ils volent vers les choses célestes. Leur chant est un gémissement et la modulation en est faite de soupirs et de larmes. Fécondés du germe de la bonne volonté, ils nourrissent avec sollicitude leurs petits, savoir l'amour de Dieu et du prochain.

Notez également que n'importe quel pénitent a deux dispositions: savoir la miséricorde et la justice. La miséricorde est l'épouse qui a la charge de garder les petits. La justice est l'époux. La terre salée, c'est la chair de Jésus-Christ toute remplie d'amertume où le pénitent doit trouver l'amertume et le salé et le mettre dans la bouche des petits, c'est-à-dire de ses œuvres, afin que l'habitude d'une telle nourriture les amène à vivre toujours dans la douleur et l'amertume, en crucifiant leurs membres avec les vices et les convoitises.

Mais parce que la discrétion est la mère de toutes les vertus, il ne doit pas y avoir de sacrifice sans elle. Voilà pourquoi si la colombe, c'est-à-dire la miséricorde, à cause de la douleur de l'enfantement, c'est-à-dire de la componction et de ses gémissements, retarde de venir à ses poussins (ses œuvres), la justice doit, tout comme le colombeau, la corriger et user d'une certaine violence pour la mettre au nid, afin qu'elle nourrisse ses petits et les garde en les nourrissant. De même que le pénitent s'attriste de son péché, de façon cependant à ne point se soustraire au nécessaire à la subsistance, sans quoi il ne pourra vivre.

Quiconque offrira des tourterelles ou des colombes de cette espèce, le Souverain Prêtre Jésus-Christ l'émondera de tout flux de sang, c'est-à-dire de l'immondice du péché. Revenons donc à notre sujet duquel nous avions fait digression et disons:

« Comme un encens odoriférant au jour de l'été. »

* * *

Voilà donc le texte de saint Antoine dans toute son éloquence. L'éloignement du tourtereau et aussi de Jésus rend la tourterelle

et l'âme repentante: solitaires, troubles, incapables de repos.
La colombe de même que l'âme détachée de tout ce qui déplaît
à Dieu, ont en estime la simplicité, la pauvreté, l'austérité, la
charité, la justice, la prudence, la fécondité, la sollicitude alliée
à la miséricorde. Telles sont les offrandes ou dispositions que le
Grand Prêtre Jésus attend des âmes comme autrefois de Marie,
quand elles se présentent au temple avec le fruit de leurs efforts.
Ainsi elles sont

Comme un encens odoriférant au jour de l'été.

2.— *Voyons maintenant ce que dit saint Jean de la croix sur ce sujet:*

Deux siècles plus tard le grand Docteur de la Mystique
s'inspirait certainement de ce passage de saint Antoine ou puisait
à la même source, les bestiaires des vieux auteurs, quand il uti-
lisait les mêmes figures de la colombe et de la tourterelle, pour
décrire les dispositions qu'exige l'union de l'âme avec Dieu.
Sa pensée est résumée dans la 34e strophe de son Cantique
Spirituel. La voici:

La blanche colombe
Est rentrée dans l'arche avec un rameau;
Et maintenant la tourterelle
A trouvé, sur les rives verdoyantes,
Son compagnon tant désiré.

La blanche colombe, explique saint Jean de la croix, c'est
l'âme pure. Cette âme est simple, douce, sans fiel comme la
colombe. Ses yeux limpides respirent la tendresse et l'amour.
Voilà pourquoi le Divin Époux, voulant peindre d'un trait
l'amoureuse contemplation dans laquelle Dieu se fait voir à
l'âme dégagée des liens du créé, la compare à la blanche colombe.

La blanche colombe
Est rentrée dans l'arche avec un rameau.

Comme la colombe de Noé, elle a vu le monde inondé d'un déluge d'iniquités, et, ne trouvant où se reposer, elle revint dans l'arche avec un rameau. Ce qui signifie: l'âme pure envoyée par Dieu en ce monde a remarqué les inquités dont il est inondé, et, ne trouvant où reposer en paix, elle revient dans l'arche, c'est-à-dire au Dieu Tout-Puissant, pour se reposer en Lui. Elle revient avec un rameau qui est le symbole de ses victoires contre la chair, le monde, le démon.

Et maintenant la tourterelle
A trouvé sur les rives verdoyantes
Son compagnon tant désiré.

« Pour comprendre ce rapprochement, il faut se rappeler les habitudes que l'on attribue à la tourterelle, dit S. Jean de la Croix. Elle ne veut jamais, dit-on, se poser sur un rameau vert; boire une goutte d'eau claire; s'arrêter et se reposer à l'ombre; se joindre aux autres oiseaux, tant qu'elle n'a pas la bonne fortune de rencontrer celui à qui elle prétend s'associer; mais dès qu'elle l'a trouvé, elle prend part avec lui à toutes ces joies ».

« Telle est précisément la conduite que doit tenir l'âme pour parvenir à l'union divine. Il faut, d'abord, qu'elle avance dans le chemin de la vie avec tant d'amour et de vigilance que jamais elle ne pose le pied, c'est-à-dire ses affections ou ses désirs, sur le rameau vert des jouissances humaines. Elle doit, ensuite, ne jamais chercher à boire l'eau claire de la gloire et des honneurs de ce monde, ni à se rafraîchir par le breuvage des consolations de la terre; ne pas s'arrêter ni se délecter à l'ombre de la protection et de la faveur des créatures, ni prendre un seul instant de repos dans les joies et les plaisirs d'ici-bas. Enfin renonçant à toute affection naturelle, elle doit soupirer dans l'isolement de la séparation de toute chose, jusqu'à ce qu'elle ait trouvé son Époux, et qu'elle jouisse de sa divine société dans la plénitude de sa possession. » Sur les rives verdoyantes du Paradis elle voit son époux tant désiré. Elle s'abreuve de l'eau fraîche de la divine sagesse par le vol de la haute contemplation et elle s'enivre au torrent des célestes voluptés, en comparaison desquelles ne sont que tristesses toutes les voluptés d'ici-bas.

Telle est la disposition sublime de l'âme unie au Bien-Aimé, d'après saint Jean de la Croix. Selon la comparaison de S. Antoine, voilà qui la rend.

Comme un encens odoriférant au jour de l'été.

* * *

Quand ils parlent des vertus requises pour arriver à la perfection et à l'union divine, S. Antoine et S. Jean de la Croix se servent de la même figure, la colombe et la tourterelle.

Puisque la paire de colombes ou de tourterelles est l'offrande des pauvres pour obtenir la purification et que ces oiseaux sont le symbole des vertus demandées aux chrétiens, présentons-nous au Temple devant le Pontife Jésus, tenant en nos mains et en nos cœurs cette humble offrande pour obtenir la purification qui conduira à l'éternelle union. Alors de même que Marie et tous les justes de l'Ancienne comme de la Nouvelle Loi, nous serons

comme un encens odoriférant au jour de l'été.

Ainsi soit-il.

Le cièrge de la chandeleur, symbolise le Christ et le pénitent

8 janvier 1946

Le mystère de la Présentation de Jésus au Temple par Marie et Joseph est rempli d'enseignements et depuis le Ve siècle la liturgie a voulu le rappeler aux fidèles, en instituant une procession appelée la Chandeleur. Durant la procession le célébrant avec le clergé et l'assistance porte en mains un cierge allumé.

Ce cierge, d'après S. Antoine, est le symbole du Christ et de l'âme pénitente. Ses considérations font partie du commentaire allégorique du 2e vers de l'Ecclésiastique qui inspire son long sermon sur la Purification:

Comme un feu brillant et un encens ardent sur le feu.

Je laisse ici la parole à saint Antoine qui commence par citer ce vers:

Comme un feu brillant et comme un encens sur le feu.

Notez que les fidèles de l'Église portent aujourd'hui du feu brillant, à une chandelle faite de cire autour d'une mèche. Dans le feu on désigne la divinité; dans la mèche, l'aspérité de la Passion; dans la cire, l'humanité de N. S. La Bse Vierge a porté et offert aujourd'hui au Temple le Fils de Dieu et son Fils.

En souvenir de ce fait les fidèles portent et offrent du feu allumé à une chandelle. Ces trois choses sont l'expression de la vraie pénitence. Dans le feu il y a l'ardeur de la contrition, qui déracine les vices. Dans la cire on voit la confession des crimes: en effet, de même que la cire coule en présence du feu, de même de l'ardeur de la contrition découle la confession de bouche du pénitent qui reconnaît ses péchés en versant des larmes. Dans la mèche on trouve l'aspérité de la satisfaction. Dans ces trois dispositions se trouve Jésus, c'est-à-dire le salut de l'homme. Celui qui les offre à Dieu, pourra dire, (avec Siméon):

Maintenant, Seigneur, vous pouvez laisser aller votre serviteur en paix, selon votre parole.

* * *

Ici finit le texte d'Antoine. Revenons sur le cierge allumé, symbole à la fois du Christ et de l'âme. Pour en mieux saisir le sens et donner un aliment plus substantiel à notre foi.

1.— *Le cierge allumé est la figure de Dieu fait homme et broyé à cause de nos péchés.*

Dans ses notes sur saint Luc, saint Anselme dit qu'il y a trois choses à considérer dans le cierge: la cire, la mèche, et la flamme. La cire, ouvrage de l'abeille virginale, est la chair du Christ; la mèche qui est intérieure, est l'âme; la flamme qui brille en la partie supérieure, est la divinité.

A ce sujet Antoine fait presque les mêmes considérations. La seule différence qu'il y ait, est que la mèche pour Antoine, c'est l'âme du Christ au moment précis de Sa Passion. Saint Anselme est un des auteurs qu'Antoine se plait à citer. Il semble donc qu'il a pris son inspiration de ce saint Père de l'Église, d'une couple de siècles plus ancien que lui.

Quoiqu'il en soit de cette légère différence dans les dires des deux saints, ces rapprochements entre le Christ et le cierge mettent en relief les vérités à graver dans les esprits et les cœurs.

a) *Le feu du cierge allumé en procession* est le symbole de la divinité de Notre-Seigneur.

Lumière et chaleur à la fois, le feu est le produit de la combustion de certains corps, tels que le bois, le charbon, la paille... S. François l'a chanté dans son canque des créatures:

> *Loué soit Dieu, mon Seigneur,*
> *pour notre frère le feu,*
> *par qui vous illuminez la nuit !*
> *Il est beau, agréable à voir,*
> *indomptable et fort.*

Le feu est donc une créature de Dieu digne entre beaucoup d'autres de symboliser la divinité en sa manifestation dans la chair. Sagesse éternelle, expression de la pensée du Père hors la Trinité, lumière des esprits mieux que le soleil ne l'est des yeux du corps, le Verbe fait chair est bien comparable au feu du cierge allumé en la procession de la Chandeleur. Cette pâle lumière est le symbole expressif de Celui qui s'est dit la lumière, la lumière du monde, la lumière illuminant tout homme venant en ce monde.

b) *La cire du cierge allumé représente l'humanité de Jésus.*

Substance molle et jaunâtre, formée du suc des fleurs par les abeilles, la cire a toujours été considérée comme type de la virginité. Elle signifie la chair virginale du divin Enfant qui n'a altéré en rien l'intégrité de Marie à sa naissance comme à sa conception. A l'Annonciation, dès que Marie eut prononcé son fiat, par la seule toute-puissance de Dieu *le Verbe s'est fait chair et a habité parmi nous.* A la nativité de Jésus, telle une rose qui s'épanouit pour donner son parfum, Marie s'épanouit de même pour donner en Jésus le plus doux de tous les parfums, parfum qui suffit à lui seul à embaumer le monde entier.

Comme la cire se liquéfie au contact de la flamme en la procession au temple, de même l'humanité de Jésus dans son union hypostatique avec le Verbe de Dieu se liquéfie en holocauste à la gloire du Père pour le bien des hommes. La chair de Jésus comme la cire devient matière de sacrifice à la louange de Dieu

c) *La cire du cierge allumé est d'après S. Anselme l'âme de Jésus et d'après S. Antoine la même âme au moment de la Passion,* c'est-à-dire à son plus haut degré d'amour de Dieu et du prochain.

Faite d'étoupe ou de matière inflammable, la mèche est bel et bien le symbole de l'âme créée à l'image de Dieu, capable de connaître, aimer et servir Dieu. Comme la mèche est passible de porter la flamme brillante et ardente que forme le feu, l'âme est susceptible de la lumière et de l'ardeur que produisent en elle la connaissance et l'amour de Dieu. Et comme il n'y a pas dans sa vie de moment où Jésus a manifesté plus de connaissance et d'amour de son Père et du genre humain qu'en celui de sa Passion, pour Antoine la mèche allumée durant la procession de la Chandeleur figure l'âme de Notre-Seigneur à l'heure de sa crucifixion. En d'autres termes la flamme du cierge c'est le symbole de l'action sacerdotale de l'Homme-Dieu réconciliant au prix de son sang l'homme avec Dieu.

Conclusion.— La Bse Vierge a donc porté et offert aujourd'hui au Temple le Fils de Dieu qui est en même temps son Fils. En souvenir de ce fait les fidèles portent en ce jour au temple un triple symbole de cette offrande dans le cierge allumé. La flamme figure la divinité, la cire l'humanité, la mèche allumée la Passion de Jésus-Christ.

2.— *Mais le même cierge est également, d'après S. Antoine, la figure de l'âme vraiment pénitente.*

a) *Le feu du cierge allumé est l'image de l'ardeur de la contrition qui déracine tous les vices.* Le mot contrition, du latin conterere broyer, briser, veut dire broiement, brisement à cause des péchés commis. L'âme se frappe la poitrine dans ses regrets et ces coups réitérés brisent le cœur, en font jaillir des étincelles de lumière surnaturelle, et ces étincelles peuvent se multiplier au point de développer un incendie véritable d'amour qui déracine jusqu'aux vestiges du vice. Marie-Madeleine, Marguerite de Cortone, Angèle de Foligno ont été de ces pénitentes au cœur ardent qui ont recouvré dans la flamme du regret l'innocence première. D'après une de ses révélations Marguerite de Cortone aurait reçu même l'assurance qu'elle serait admise au nombre des vierges qui suivent l'Agneau au ciel et peuvent chanter le cantique de louange réservées aux vierges.

b) *La cire du cierge est l'image de la componction dans la confession des péchés.*— L'âme qui reconnaît ses égarements, ne

craint pas de les avouer au représentant de Dieu dans l'espoir
d'en obtenir le pardon, ramollit le cœur jusqu'à en tirer des
larmes de repentir. C'est comme la cire qui se liquéfie en présence du feu de l'amour de Dieu reconquis. Et ces larmes
sont d'autant plus douces que le regret est plus amer.
Quelle est l'âme pécheresse sincèrement revenue à Dieu, surtout
après de multiples confessions sacrilèges, qui n'a pas expéri-
menté la douceur de ces larmes ! S'il s'en trouvait à l'écoute, la
conscience bourrelée de regret mais non encore décidées à ce
pénible aveu, qu'elles se hâtent de le faire au plus tôt, afin de
goûter sans retard à ces ineffables consolations !

c) *La mèche qui brûle est l'image de la satisfaction après
l'aveu et le regret.*— L'âme qui regrette ses péchés et les avoue
avec larmes à un prêtre, est bien près de s'armer contre elle
d'une sainte colère. Cette juste colère inspire le jeûne, les morti-
fications, les pénitences. C'est le 3e des dix-huit pas de Ste
Angèle de Foligno qui conduisent à la perfection. Voici comment
elle le décrit: « Je persévérai dans la pénitence qui me fut imposée.
J'essayai de satisfaire la justice, vide de consolation et pleine de
douleur. » Pour s'attirer le mépris dont elle se reconnaissait digne,
elle aurait voulu crier ses péchés à toute la terre. Les représailles
ne lui faisaient plus peur. Elle les recherchait même comme
juste châtiment de ses fautes.

Conclusion.—Dans ces trois dispositions on trouve Jésus,
c'est-à-dire le salut de l'homme. Celui qui offre ces dispositions
au temple, reconnaîtra Jésus et comme le vieillard Siméon s'écriera
dans sa joie:

> *Maintenant que j'ai vu le Seigneur,*
> *vous pouvez laisser aller votre serviteur en paix.*

Bien chers malades, tel est le sens du cierge de la Chandeleur. Avec la flamme, la cire, la mèche, il rappelle Jésus porté au Temple par Marie avec sa divinité, son âme et son corps immolé à cause de nos péchés.— Il prêche aussi les dispositions que l'âme doit apporter devant Dieu: la contrition, la confession, la satisfaction.

Il est bon de faire brûler cierges et lampions à l'Église ou devant une statue. Mais que ce soit avec la pensée de raffermir votre âme dans le regret, l'aveu sincère, et l'expiation de vos péchés ! Et la meilleure façon de persévérer dans la pénitence, n'est-ce pas d'accepter celles imposées directement par la Providence ? la maladie, l'infortune, le mépris, l'injustice des hommes, la médisance et même les plus noires calomnies. Ces épreuves voulues ou permises par Dieu sont comme le feu destiné à purifier. Accueillies avec patience comme des messagères de la justice divine, elles enlèveront de l'âme les derniers vestiges du péché. C'est le genre d'holocauste, comparable à celui du Jésus en croix, que réclame la satisfaction due au péché.

> *Courage donc ! bons et fidèles serviteurs !*
> *De même que Jésus présenté au Temple,*
> *soyez à la tâche imposée par la Providence*
> *comme des chandelles allumées qui*
> *se consument au service du Seigneur !*

L'hymne d'action de grâces de Siméon et du croyant

13 janvier 1946

L'émission précédente nous a montré comment le Pénitent trouve Jésus au Temple tout comme le vieillard Siméon. Cette dernière émission montrera comment le véritable Pénitent réconcilié avec Dieu et par là tenant Jésus en ses bras comme le prophète, chante avec lui son *Nunc dimittis*.

D'après saint Antoine, les quatre versets de l'hymne manifestent quatre béatitudes du vieillard Siméon, béatitudes qui conviennent également au pénitent. Chaque jour cette hymne est récitée à Complies et doit bercer l'âme de l'espoir des récompenses éternelles durant son pèlerinage ici-bas, tout en la stimulant à la générosité au service de Dieu.

Je laisse à Antoine l'honneur de rappeler les béatitudes du *Nunc dimittis* et de montrer comment le pénitent, de même que Jésus, est:

comme un feu brillant et comme un encens ardent sur le feu.

Eccli. 5, 9.

* * *

Notez que dans les quatre versets (de l'hymne de Siméon) sont désignées les quatre béatitudes du vrai pénitent.

La première béatitude est dans la rémission plénière des péchés et dans la paix de l'âme. C'est le 1er verset: Maintenant Seigneur, laissez, selon votre parole, votre serviteur s'en aller en paix.

La deuxième béatitude est dans la séparation de l'âme d'avec le corps, qui donne à l'âme de voir Celui en Qui elle a cru, Celui Qu'elle a désiré. C'est le deuxième verset: Car mes yeux ont vu le Seigneur qui vient de vous.

La troisième béatitude est dans l'examen du jugement suprême qui proférera ces paroles: Prov. 31, 31:

Donnez-lui du fruit de ses mains,
   et que ses œuvres disent sa louange aux portes
                                        (de l'éternité) !

De là le troisième verset de Siméon: (Mes yeux ont vu ce Sauveur) que vous avez préparé (de toute éternité).

La quatrième béatitude est dans la lumière de la gloire éternelle, dans laquelle l'âme Le verra face à face et Le connaîtra tel qu'Il est. De là (ces paroles du dernier verset du cantique de Siméon): (Celui qui a été préparé pour être à la face de tous les peuples) la lumière qui éclairera les nations et la gloire d'Israël.

C'est donc avec raison qu'il est dit: il est

comme un feu brillant et comme un encens ardent sur le feu.

Jésus a brillé comme un feu:

> *aux yeux des Pasteurs en sa Nativité;*
> *aux yeux des trois Mages en l'apparition (de son étoile);*
> *aux yeux des prophètes Anne et Siméon lors de la Purification;*
> *Il a brûlé comme l'encens sur le feu en sa Passion et de l'odeur de cet encens sont remplis les cieux, la terre, et les enfers.*
> *Les anges dans le ciel se réjouissent de la rédemption du genre humain.*
> *Les hommes sur terre jouissent de la résurrection.*
> *Les détenus dans les fers de la captivité sont en possession de la liberté (des enfants de Dieu).*

* * *

Ce texte de S. Antoine est clair, mais il devra parler davantage à l'âme, s'il est considéré de plus près et s'il apparaît en guise de conclusion à tout le sermon d'Antoine sur la Purification de Marie.

1.— *Ce texte laisse entrevoir des dispositions admirables.*

a) *La béatitude soulève jusqu'à l'extase Siméon et le pénitent.*

— Voyons, pour nous en convaincre, Siméon au moment où il prend Jésus des bras de Marie et Le serre dans les siens. Quelle paix ! et quelle joie à la vue de celui en qui il croyait ! Quelle exaltation à la pensée de toucher, selon la promesse qui lui en a été faite, à la récompense attendue ! Quel élan de tout son être vers Dieu, lumière des nations et gloire d'Israël! C'est cela l'extase, la sortie de soi pour se perdre en l'être aimé.

— Est-ce que le pécheur contrit, confessé, avide de satisfaire pour ses péchés dans la mortification, est-ce que le pénitent en un mot n'a pas quelque chose de l'attitude de Siméon ? Quelle paix et quelle joie n'éprouve pas le Prodigue qui revient vers son Père ! Il a tant souffert loin de la maison paternelle au temps de ses égarements ! Et là sa joie est à son comble de voir son Père toujours également bon à son égard malgré ses torts. Est-ce possible ! Il lui impute avec justice l'aveu de ses fautes. O prodige de miséricorde ! jusqu'à susciter l'envie chez le juste ! Ses infidélités n'enlèvent point au pécheur repentant l'espoir des éternelles récompenses ! — Ah ! comme il est doux de reposer dans les bras d'un tel père et de s'abandonner à tant de magnanimité dans le pardon des ingratitudes ! Quel ineffable désintéressement dans l'amour !

— Dans le pénitent comme dans le vieillard Siméon, c'est vraiment la béatitude de l'extase qui inspire de chanter le *Nunc dimittis*.

b) *Se peut-il comparaison plus juste que le feu*, pour peindre cette béatitude ! Elle est, dit saint Antoine:

comme un feu brillant et comme un encens ardent sur le feu.

— Dans une telle félicité, l'âme de Siméon et celle du pénitent sont comme des feux brillants. Qu'est-ce que la lumière du soleil comparée à celle du divin Soleil de justice dont la Révélation enveloppe et transforme ces âmes croyantes ! Elles ne jouissent encore que de la lumière de grâce, mais déjà cette lumière auréole leur tête d'un halo plus éclatant que le rayonnement du feu matériel. Qu'en sera-t-il donc, quand cette lumière de grâce se changera en lumière de gloire, comme celle

des élus au ciel ! Il est donc bien vrai que le bonheur de posséder Dieu épanouit l'âme et rend l'expression du visage

comme un feu brillant.

— Au contact de cette lumière, l'âme devient comme un
encens sur le feu. Il se dégage de l'encens sur le feu un parfum
dont la fumée monte vers le ciel et flatte le sens de l'odorat;
de même il se dégage de l'âme en grâce avec Dieu une fumée
d'adoration et de louange qui monte droit vers Dieu et aussi un
parfum de fraternelle dilection qui dilate les cœurs pour les
rapprocher de Dieu. Il n'est pas moins vrai que le bonheur de
posséder Dieu soulève l'âme et la rend

comme un encens ardent sur le feu.

L'encens qui brûle devant Dieu, est l'image expressive de
l'extase.

2.— *Cette extase de Siméon et du pénitent sincère sert de conclusion*
        à tout le sermon d'Antoine sur la Purification de Marie.

Il nous a fallu douze émissions pour vous le donner en entier⋅
Neuf concernaient la Bse Vierge et venaient en commentaire de ce
verset de l'Ecclésiastique, 50, 8:

Comme l'encens odoriférant aux jours de l'été.

Et cette première comparaison en a amené une multitude
d'autres: elles sont présentées sous forme de symboles, de figures,
de prophéties, d'analogies prises dans la nature, mais tentent
toutes de montrer aux croyants un tableau, jamais assez expressif,
du chef-d'œuvre de grâce qu'est Marie. Elle est comme le

Paradis Terrestre, comme l'arbre d'encens appelé Libanos, comme le tabernacle de Moïse fermé par trois murs de vertus mais ouvert du côté de l'Orient, comme Jahel délivrant son peuple du joug des Chananéens.— Les trois dernières émissions ont trait au pénitent et sont le commentaire de cet autre verset de l'Ecclésiastique, 50, 9: il est

> *Comme un feu brillant et comme un encens ardent sur le feu.*

Trois comparaisons sont utilisées qui donnent une idée des dispositions du pénitent au moment de son union tardive avec Dieu: la colombe *et* la tourterelle, le cierge allumé à la procession de la Chandeleur, le bonheur de Siméon quand il chanta son *Nunc dimittis.*

N'est-ce pas que toutes ces considérations inspirées uniquement des Écritures illuminent admirablement notre esprit, élèvent plus facilement le cœur et stimulent à marcher sur les traces de ces géants de la sainteté qui nous apparaissent en figure ou en réalité sur l'écran de l'histoire? Ce n'est pas sans raison que Grégoire IX surnommera Antoine l'Arche du Testament, le marteau des hérétiques. Il avait connu personnellement Antoine comme il avait connu François; il l'avait entendu défendre la pauvreté contre les prétentions de frère Élie devant la Cour Romaine; il avait été témoin de ses nombreuses conquêtes à l'Église dans les rangs des Albigeois. Aussi avec quelle joie a-t-il inscrit Antoine au catalogue des Saints à peine dix mois après sa mort et avec quelle dévotion a-t-il célébré lui-même le premier la messe du Saint en choisissant de préférence celle des Docteurs ! Comme pour témoigner solennellement de sa foi en la sublimité de sa doctrine et en l'éclat de ses miracles. Plaise à Dieu qu'en notre vingtième siècle si troublé et si rivé à la terre,

Antoine de nouveau avec le concours des ondes triomphe de notre apathie pour les vérités révélées, de notre attachement désordonné aux convoitises d'ici-bas, de notre inclination à écouter le démon, le monde et la nature, plutôt que les enseignements du Christ !

Ce vœu serait la réalisation de ce qu'on voit en Siméon et dans l'âme pénitente. Alors chacun des fidèles auditeurs de Mes Mardis à la radio serait: par sa foi et son amour,

comme un feu brillant et comme un encens ardent sur le feu.

PRIÈRE

Je termine par la prière de saint Antoine à la fin de son sermon sur la Purification:

Nous te demandons donc, ô Reine notre Mère bien-aimée, que tu nous purifies du sang (impur) des péchés, que tu nous fasses porter le feu brillant de la contrition dans la cire de la confession et la mèche de la satisfaction, de façon à parvenir à la lumière et à la gloire de la Jérusalem céleste. Qu'il nous accorde cette grâce Celui que tu as présenté au Temple, et à qui sont dus l'honneur et la gloire dans les siècles des siècles !   Ainsi soit-il !

QUATRIÈME FETE:

L'ASSOMPTION

En cette fête Marie est

Comme un vase d'or massif,
orné de toute pierre précieuse;
comme l'olivier qui pousse ses fruits,
et comme le cyprès qui s'élève dans le nuage.

Eccli: 50, 10-11.

(Un sermon radiodiffusé en quatre émissions)

Marie est comme
un vase d'or massif

15 août 1944

Saint Antoine a un sermon sur l'Assomption de Marie, dont l'Église célèbre aujourd'hui la fête. Ce sermon est un commentaire de quelques comparaisons du Livre de l'Ecclésiastique pour célébrer la majesté du grand'prêtre Simon, fils d'Onias; comparaisons que saint Antoine applique heureusement à Marie pour exalter ses incomparables prérogatives. Voici ces comparaisons. Elle est:

> *Comme un vase d'or massif,*
> *orné de toutes sortes de pierres précieuses;*
> *comme l'olivier qui pousse ses fruits,*
> *et comme le cyprès qui s'élève dans les nuages.* Eccli. 50, 10-11

Le long passage du sermon que je veux communiquer aujourd'hui, contient trois pensées principales: l'éminente dignité de Marie, l'ornementation qu'il convient d'apporter à la fête, son exaltation. Pour aider à saisir ces vérités, j'intercalerai, dans le texte de saint Antoine, ces pensées en temps et lieu.

* * *

1.— *L'éminente dignité de Marie est son titre de Mère de Dieu.* *Le prophète Jérémie dit*, 17, 12-13:

> Trône de gloire, sublime dès le commencement,
> lieu de notre sanctification, attente d'Israël.

Un trône est comme un siège solide, qui vient du verbe asseoir, sedere, et qui désigne l'endroit où l'on doit s'asseoir. Le trône de gloire est la Bienheureuse Marie, de toute part solide et intègre; sur ce trône le Sage Fils du Père, bien plus la Sagesse même, Jésus-Christ s'est assis, quand Il a pris d'elle sa chair. Voilà pourquoi le psaume dit, 85, 10:

> afin que la gloire habite sur notre terre.

La gloire de la sublimité, c'est-à-dire des anges, a habité sur la terre, à savoir dans notre chair. Donc la bienheureuse Vierge Marie fut le trône de la gloire, c'est-à-dire de Jésus-Christ qui est la gloire de la sublimité, à savoir des anges. Voilà pourquoi l'Ecclésiastique dit: 43, 1:

> L'orgueil des hauteurs est le firmament dans son éclat
> et l'aspect du ciel est une vision de gloire.

*Jésus-Christ est l'orgueil des hauteurs, c'est-à-dire de la subli-
mité angélique qu'Il a lui-même consolidée, tandis que dispa-
raissait l'apostat avec ses partisans. De là ces paroles de Job:*

Peux-tu, comme lui, étendre les nuées du ciel
et les rendre solides comme de l'airain fondu?

*C'est comme s'Il disait: Est-ce que ce n'est pas la sagesse du
Père qui a fabriqué les cieux, savoir la nature angélique? On lit
aussi dans la Genèse, 1, 1: Au commencement Dieu créa le ciel;
comprenez le contenant et le contenu. Mais les anges pécheurs de
l'enfer en ont été retranchés au milieu de vociférations et les bons
adhérant au souverain bien sont devenus solides comme de l'airain.
Dans la durabilité de l'airain on note la ferme perpétuité des
anges qui restent debout.*

*Jésus-Christ qui est le soutien de la nature angélique, en est
aussi la beauté. Ceux que la puissance de sa divinité raffermit
avec lui dans le bien, Il les rassasie de la beauté de son humilité.
Il est aussi un aspect du ciel, à savoir pour les âmes de ceux qui y
habitent, et ce ciel consiste dans la vision de la gloire. Tandis qu'ils
voient face à face la gloire du Père, ils resplendissent de la même
gloire.*

*Quelle n'est pas la dignité de la glorieuse Vierge qui a mérité
d'être la Mère de Celui qui est le soutien et la beauté des anges,
en même temps que le ciel de tous les saints! Disons donc: Trône
de gloire, sublime dès le commencement, à savoir dès la constitution
du monde, la Mère de Dieu a été prédestinée en vertu selon l'esprit
de sanctification. De là il est ajouté: elle est le lieu de notre sanctification, l'attente d'Israël. La Bienheureuse Vierge a été le lieu
de notre sanctification, c'est-à-dire l'endroit où a pris naissance le
Fils de Dieu qui nous a sanctifiés.*

2.— *L'ornementation qui convient à ce trône est faite non d'arbres,*
mais d'âmes contemplatives, fidèles, pénitentes.

C'est de ce trône que parle le Fils de Dieu dans Isaïe, 60, 13:

Le sapin et le buis et le pin viendront ensemble,
pour orner le lieu de ma sanctification,
et je glorifierai l'endroit où je pose mes pieds.

Le sapin, parce qu'il l'emporte sur les autres arbres, signifie
ceux qui contemplent les choses célestes. Le buis ne s'élève pas en
hauteur, et ne donne pas de fruits, mais il conserve sa verdure et
signifie les néophytes gardant une foi d'une perpétuelle verdeur.
Le pin est une sorte d'arbre remarquable par ses feuilles pointues;
les anciens, en effet, disaient le pin piquant et cet arbre désigne les
pénitents qui conscients de leurs péchés se piquent le cœur avec
un certain aiguillon de regret pour en faire jaillir le sang des larmes.
Tous ceux-là donc, à savoir les fidèles contemplatifs et pénitents,
viennent à cette fête solennelle, pour orner de dévotion, de louange,
et de prédication, la Bienheureuse Marie qui a été le lieu de sancti-
fication de Jésus-Christ, en qui Il s'est lui-même sanctifié. Voilà
pourquoi Il dit Lui-même en S. Jean, 17, 19: Pour eux je me
sanctifie moi-même, *d'une sanctification créée,* afin qu'ils se sanc-
tifient eux-mêmes dans la vérité, *c'est-à-dire en moi, qui me sanc-*
tifie comme homme en moi comme Verbe, à savoir que par moi
Verbe je me remplis de tous les biens.

Et je glorifierai l'endroit où je poserai mes pieds. *Les pieds*
du Seigneur signifient son humanité; c'est d'eux que parle Moïse
dans le Deutéreunome, 33, 3: ceux qui s'approcheront de ses
pieds, recevront de sa doctrine. Nul ne peut approcher des pieds
du Seigneur, à moins qu'auparavant, comme il est dit dans l'Exode,
il n'enlève de ses pieds ses chausses, *c'est-à-dire ses œuvres mortes*

à savoir les affections de son esprit. Approchez donc pieds nus et vous recevrez de sa doctrine. De là ces paroles d'Isaïe, 28, 9:

A qui veut-il enseigner la sagesse?
et à qui veut-il faire comprendre la leçon?
A des enfants à peine sevrés,
à des enfants détachés de la mamelle?

Celui qui s'éloigne du lait de la concupiscence mondaine et se sépare des mamelles de la gourmandise et de la luxure, méritera pour le moment d'être instruit de la science divine et pour l'avenir d'entendre ces paroles: Venez, les bénis de mon Père... Math. 25, 34.

3.— *L'exaltation réservée à Marie est sa glorieuse Assomption.*

Le lieu où se sont posés les pieds du Seigneur, *fut la Bienheureuse Marie, de qui Il a reçu l'humanité; ce lieu Il l'a glorifié, parce qu'Il a exalté Marie au-dessus des chœurs des anges. Par le fait même, vous avez la preuve que dans son corps où fut le lieu des pieds du Seigneur, elle a joui de l'Assomption. De là ces paroles du psaume; 82, 8:*

Lève-toi, Seigneur, viens au lieu de ton repos,
Toi et l'arche de ta majesté.

Le Seigneur s'est levé, quand il est monté à la droite de son Père. Elle s'est levée aussi l'arche de sa majesté, quand la Vierge Marie est montée dans la demeure céleste.

De là ces paroles de la Genèse, 8, 4: L'arche s'est reposée sur le mont Arménie. Arménie *veut dire* mont isolé, *et signifie la nature angélique. La nature angélique est appelée mont, à cause de ceux qui ont été confirmés en grâce; et ce mont est isolé, à cause*

de ceux qui sont tombés et en furent éloignés. L'arche du vrai Noé
*qui nous fait reposer de nos travaux sur cette terre maudite par
le Seigneur, s'est reposée aujourd'hui sur le mont Arménie, c'est-à-
dire au-dessus des chœurs des anges.*

*A la gloire donc de la Vierge elle-même, qui est l'attente d'Israël,
c'est-à-dire du peuple chrétien, et en l'honneur d'une si grande fête,
exposons ces sublimes vérités.*

* * *

Ici finit le texte de saint Antoine. En suivant les développements, vous avez dû reconnaître les trois pensées signalées dans
le discours.

1.— *L'éminente dignité de Mère de Dieu* nous est montrée
dans quatre citations de l'Ancien Testament prises en Jérémie,
l'Ecclésiastique, Job, et la Genèse. Entendues au sens spirituel,
comme c'est le plus souvent le cas pour saint Antoine, ces cita-
t:ons s'appliquent à Marie, à Jésus, aux anges, aux élus, au
firmament en un mot avec tout ce qu'il contient et elles donnent
à la pensée d'Antoine une éloquence toute céleste, quand il parle
des gloires de Marie.

Elle est le trône de gloire de celui qui a fabriqué les cieux
et les a consolidés comme l'airain. Soutien et beauté des anges,
ciel des élus, il a reposé en Marie comme sur son trône de gloire
et par la vertu Il l'a rendue digne de cet honneur incommen-
surable.

Quelle dignité donc que celle de devenir le trône de gloire
de Notre-Seigneur Jésus-Christ !

2.— *L'ornementation qui convient à ce trône de gloire,* ce sont
au sens matériel des arbres, tels le sapin, le buis, le pin; et au

sens spirituel des âmes contemplatives, fidèles, et pénitentes. Ces ornementations, il faut les apporter en ce jour auprès de Marie, trône de gloire, et l'orner de dévotion, de louange, de prédication. Sur ce trône Jésus s'est lui-même sanctifié comme homme par la présence du Verbe et ceux qui s'approcheront de ce trône, devront se sanctifier eux-mêmes: en enlevant leurs sandales auprès de ce trône, c'est-à-dire en réprouvant les œuvres de péchés et en purifiant les affections du cœur. Il faudra donc renoncer à la concupiscence, à la gourmandise, à la luxure, et recevoir comme des enfants à peine sevrés l'immense bienfait de la science divine.

3.— *Enfin l'exaltation dont ce trône ainsi orné a été l'objet*, c'est l'assomption au ciel en corps et en âme de la Bienheureuse Vierge-Marie.

Deux citations de l'Écriture prouvent ce mystère: l'une est prise au sens réel, quand il est dit dans les psaumes: *viens au lieu du repos*, toi et ta mère, ô Jésus; l'autre est entendue au sens spirituel, quand il est dit de l'arche d'alliance, qu'*elle reposa sur le mont Arménie*, mont isolé qui veut dire les anges séparés des démons, pour signifier qu'elle doit reposer au-dessus des natures angéliques.

Telle est dans toute sa clarté la pensée de saint Antoine en cette première partie de son sermon sur l'Assomption de Marie.

* * *

Bien chers malades, vieillards et infirmes, à la louange de Marie, attente d'Israël et du peuple chrétien, méditons en ce jour ces vérités que l'Esprit-Saint a pris soin de nous manifester clairement.

Par sa dignité de Mère de Dieu, Marie est le trône de gloire placé au-dessus des anges et des élus, orné des pierres précieuses de son Fils Jésus, des anges qu'il a confirmés en grâce, des âmes saintes à qui Il a enseigné la science divine et qu'Il a par là arrachées à l'attrait du péché.

Et cette incomparable dignité lui a mérité aujourd'hui d'être exaltée à l'égal de son Fils monté à la droite du Père au jour de son Ascension: comme lui elle est montée au ciel en corps et en âme et elle est entrée dans le lieu de son repos sur le mont Arménie.

Gloire soit donc à jamais rendue à Jésus et à sa Mère et daigne cette gloire guider nos pas sur terre, en attendant d'entrer nous aussi en possession des joies du Royaume.

Marie est comme un vase d'or massif, orné de pierres précieuses

12 septembre 1944

Il y a quatre semaines, je vous faisais connaître une première partie d'un sermon de S. Antoine sur l'Assomption de Marie; aujourd'hui en la fête du Saint Nom de Marie, Patronne de Montréal, je vous donnerai une deuxième partie du même sermon, qui traite de trois vertus de Marie en se servant d'une comparaison de l'Esprit-Saint, prise au Livre de l'Ecclésiastique, 50, 10:

Elle est comme un vase massif,
orné de toutes pierres précieuses.

* * *

La Bienheureuse Marie, dit S. Antoine, fut un vase d'or massif par l'humilité, la pauvreté, la virginité, orné en récompense de toute pierre précieuse.

1° L'humilité.— *La concavité du vase lui permet de recevoir tout ce qu'on veut y mettre, et voilà pourquoi elle signifie l'humilité, source de toute grâce. Mais l'enflure ne souffre pas l'infusion des grâces. Le Seigneur a ordonné au livre de l'Exode qu'il y eût une cavité sur l'autel où reposeraient les cendres du sacrifice. Dans ce creuset on place la cendre de l'humilité, c'est-à-dire la mémoire de notre mortalité. De là ces paroles de Jérémie, Lamentations, 3, 29:*

Qu'il mette sa bouche dans la poussière;

c'est-à-dire, qu'il parle de la sépulture de sa mort. Voilà pourquoi il est dit dans la Genèse, 23, 19: Abraham a enseveli Sarah dans une grotte double qui regardait Mambré. *La grotte double est l'humilité du cœur et du corps, dans laquelle l'homme juste doit ensevelir son âme pour la séparer du tumulte du siècle; et cette humilité doit regarder Mambré, qui signifie de toute évidence la clarté de la vie éternelle et non la gloire mondaine.*

C'est ce que regarde l'humilité de la Bienheureuse Vierge et voilà pourquoi elle a mérité d'être regardée. Et parce que l'humilité se conserve par la pauvreté, Elle est dite vase d'or.

2° La pauvreté: *Et c'est très bien que la pauvreté soit appelée or, elle rend ceux qui la possèdent riches et splendides. De là ces sentences du philosophe: Le malheur vient souvent de l'abondance; ou encore je ne pense pas pauvre, celui à qui reste un tant soit peu; c'est assez. Et saint Bernard d'ajouter: « Dans les cieux se trouvait l'abondance de tout bien; il n'y avait que la seule pauvreté qui ne s'y pouvait trouver. Cette sorte de bien abondait sur la terre et l'homme n'en connaissait pas le prix. Le Fils de Dieu vint donc le chercher, afin que l'estime qu'Il en ferait, contribuât à le rendre précieux aux yeux des hommes. »*

Au sujet de cet or il est dit dans la Genèse, 2, 11-12: Dans la terre d'Hévilath il y a de l'or et cet or est le meilleur qui soit. Hévilath *veut dire qui enfante et signifie la Bienheureuse Vierge qui a enfanté le Fils de Dieu et l'a enveloppé des langes de la pauvreté d'or. O or excellent de la pauvreté! Celui qui ne te possède pas, même s'il possède tout, n'a rien. Les biens temporels enflent d'orgueil et par cette enflure rendent vain. Dans la pauvreté réside la joie; dans la richesse la tristesse et les tourments.*

Voilà pourquoi Salomon dit dans les Proverbes:

> Mieux vaut une petite bouchée de pain sec avec joie,
> qu'un veau gras avec des querelles,
> ou une maison remplie de victimes,
> qui sont enlevées aux pauvres par la force:
> animaux immolés et servis au banquet.

Un esprit calme est comme un festin perpétuel. Il est préférable d'avoir peu avec la crainte de Dieu que d'avoir de grands et insatiables trésors.— Ou encore: Il vaut mieux habiter sur une terre déserte, *c'est-à-dire dans la pauvreté,* qu'avec une femme querelleuse et colère, *c'est-à-dire dans l'abondance des biens temporels.— Et enfin,* il vaut mieux habiter à l'angle d'un toit, *à savoir dans l'humilité de la pauvreté,* que de rester avec une femme querelleuse *dans une maison ordinaire.*

Et parce que la virginité et l'intégrité de Marie ont donné plus d'éclat à son humilité et à sa pauvreté, l'Esprit-Saint ajoute qu'elle est un vase d'or massif.

3° La virginité: *La Vierge Bienheureuse a été d'une virginité parfaite et voilà pourquoi elle a pu contenir la sagesse.* Mais le cœur du fat est comme un cœur brisé, *dit Salomon,* il ne peut contenir la sagesse.

Ce vase fut en ce jour orné de toute pierre précieuse, à savoir de toute prérogative des honneurs célestes. Elle a mérité les récompenses de tous les saints, celle qui a engendré le Créateur et le Rédempteur de toutes choses.

* * *

Dans le passage cité saint Antoine parle de trois vertus de Marie: de son humilité, qu'il compare à un vase; de sa pauvreté, qu'il désigne par l'or de ce vase; de sa virginité, pour signifier que la matière de ce vase est de l'or massif. Ce vase d'or massif qu'est Marie est donc orné de toutes pierres précieuses.

1° *L'humilité de Marie* est comparée ici à un vase. La forme du vase permet de garder le contenu qu'on veut y verser. De même Marie dans son humilité entre pour ainsi dire en elle-même, prend la forme concave et devient, comme vase, capable toutes les grâces que le Seigneur veut y déverser; l'orgueil, au contraire, empêche de rentrer en soi, fait croire à une grandeur factice, et se gaudit dans sa suffisance. A cause de son humilité la grâce pénètre dans le cœur de Marie et le prépare comme il convient à devenir le tabernacle du Très-Haut, la mère du Verbe.

La concavité du vase amène saint Antoine à penser à la cavité qui doit se trouver sur l'autel du sacrifice et dans laquelle reposent les cendres de l'humilité.— Cette cavité est comme un tombeau qui rappelle à la mémoire et à l'imagination notre mortalité. De là ces mots de Jérémie: *Qu'il mette sa bouche dans la poussière,* c'est-à-dire que l'âme ait constamment présent à l'esprit le souvenir de sa sépulture. Et, comme la concavité du vase, la vue de la mort est bien propre à maintenir l'âme dans l'humilité.

Cette pensée de la mort rappelle à saint Antoine un fait de l'Écriture qui contient lui aussi une leçon appropriée: c'est l'ensevelissement de Sarah femme d'Abraham, dans une grotte double dont l'ouverture donne sur Mambré. Cette grotte était double, pour signifier l'humilité du cœur et du corps, dans laquelle l'homme juste tient son âme ensevelie; et cette grotte regardait Mambré, c'est-à-dire l'éternité glorieuse. Marie de même gardait son âme comme ensevelie dans son corps loin du tumulte du siècle et là elle regardait sans cesse le ciel.

De son côté le Seigneur a regardé l'humilité de sa servante et, parce que la pauvreté sauvegarde l'humilité, Marie fut pauvre en même temps qu'elle fut humble et cette pauvreté permet de l'appeler *vase d'or*.

2° *La pauvreté de Marie* est comparée ici à l'or qui est comme la matière constituant le vase.— La pauvreté est donc désignée par *l'or* et ce n'est pas sans raison, car elle rend riches et splendides ceux qui la possèdent. Pour faire saisir le prix qu'il attache à la pauvreté, saint Antoine cite une pensée de saint Bernard. Quand il s'est présenté devant Innocent III pour faire approuver sa règle basée sur l'absolue pauvreté, François d'Assise donna à la pensée de saint Bernard rapportée par S. Antoine une tournure poétique et romanesque: « Il y avait une fois, dit-il en substance, une fille très belle mais pauvre qui attira l'attention du fils du roi. Il l'épousa et en eut de nombreux enfants qu'elle envoya à leur père et en qui il reconnut ses traits. Mais cette femme est restée veuve depuis la mort de son époux sur le Calvaire. Eh bien ! cette épouse éplorée je veux l'épouser à mon tour et en avoir de nombreux enfants en qui se retrouveront les traits de l'Homme-Dieu et que notre Père des cieux sera heureux d'accueillir à la cour céleste. »

S. Antoine donne à cette pensée chère à son Père Séraphique un relief tout particulier. Il se sert pour cela selon sa coutume d'un texte de l'Écriture à qui il trouve un sens nouveau: *Dans la terre d'Hévilath il y a de l'or et de l'or le meilleur.* Le mot *Hévilath* signifie d'après lui *qui enfante* et désigne la Bse Vierge qui a enfanté l'Enfant-Dieu et l'a enveloppé des langes de la pauvreté. Et son amour pour la pauvreté chère à François se manifeste ici par une exclamation: « O or de la pauvreté ! C'est bien le meilleur qui soit » ! De même que l'or est précieux entre les métaux, de même la pauvreté excelle entre les vertus. Dans la pauvreté se trouve la joie, tandis que dans les richesses la tristesse et les tourments. Quelle joie comparable à celle de Marie dans la grotte de Bethléem, donc dans la pauvreté la plus absolue! Là elle porte dans ses bras l'Enfant-Dieu, elle le nourrit de son lait, elle le couvre de ses baisers. Cette joie n'est pas du tout comparable aux satisfactions troubles que procurent les biens de ce monde.

Oui, Marie dans sa pauvreté est comme un vase d'or. Mais parce que sa virginité fait ressortir son humilité et sa pauvreté, l'Esprit-Saint l'appelle vase d'or massif.

3° *La virginité* est donc comparée au fait: que le vase dont Marie éveille l'idée, est tout en or et non pas seulement doré à l'extérieur.

Elle est comme un vase d'or massif destiné à contenir la sagesse, le don le plus précieux qui soit. Le cœur du fat au contraire est comme un vase brisé qui ne peut rien retenir de ce qu'on y verse. Par l'opération du Saint-Esprit, le Verbe s'est fait chair en son chaste sein sans porter atteinte à son intégrité, et, quand fut arrivée l'heure de la Nativité, Jésus est né de même, tel un rayon de lumière passant à travers un cristal sans le briser.

Voilà pourquoi ce vase d'or massif, qu'est Marie, fut orné de toutes pierres précieuses, c'est-à-dire des honneurs célestes.

* * *

Bien chers malades et chers auditeurs, si les vertus d'humilité, de pauvreté, de virginité ont mérité à Marie l'honneur d'être comparée à un vase d'or massif et le bonheur de monter au ciel en corps et en âme dès le jour de sa mort, c'est qu'elles sont précieuses et devraient s'imposer à notre attention.

Il faudrait donc comme Marie être humble, pauvre, pur. A son exemple nous devons aimer Dieu pardessus tout, plus que les honneurs par l'humilité, plus que les richesses par la pauvreté au moins en esprit, plus que les plaisirs par la pureté ou la chasteté conjugale.

Et cet amour souverain nous vaudra à nous aussi d'être comparés à un vase d'or massif et de monter un jour au ciel en corps et en âme comme Jésus et Marie.

PRIÈRE

O Vierge Sainte, que votre glorieux serviteur Antoine de Padoue compare à un vase d'or massif à cause des vertus d'humilité, de pauvreté, de pureté qui ornaient votre âme et l'ont rendue belle entre toutes celles des humains, plus brillante même que les natures angéliques,

daignez jeter un regard favorable sur les dévôts à S. Antoine qui avec lui vous rendent en ce jour leurs hommages de vénération et de reconnaissance !

Puisque vous êtes médiatrice de toute grâce, répandez en ce jour vos bienfaits sur la ville qui s'honore de vous avoir pou patronne et de porter votre nom autrefois Ville-Marie, aujour-d'hui Montréal.

Accordez à tous vos enfants de se détacher comme vous des biens de la fortune, du corps et de l'âme par les vertus d'humilité, de pauvreté, de pureté, et de s'attacher irrévocablement à votre divin Fils, à qui soient à jamais l'honneur et la louange dans les siècles des siècles ! Ainsi soit-il !

Parallèle entre Esther et Marie, montrant sa beauté, sa grâce, son couronnement

10 octobre 1944

Demain est la fête de la maternité divine de Marie. Écoutons saint Antoine nous parler de sa beauté, de sa grâce, de son couronnement, dans un parallèle entre Marie et la reine Esther. C'est la troisième partie de son sermon sur l'Assomption; dans une deuxième il nous a montré son humilité, sa pauvreté, sa virginité, en la comparant à un vase d'or massif. Il continue son discours en ces termes:

* * *

De ce vase orné de toute pierre précieuse on trouve une concordance au livre d'Esther, 2, 15-17, où il est dit que lorsque fut arrivé son tour d'aller chez le roi, Esther ne voulut d'autres parures que celles choisies par Égée, Eunuque du roi et gardien des femmes.

Elle était de forme parfaite et d'une incroyable beauté, et elle avait aux yeux de tous des airs aimables et avenants. Voilà pourquoi elle fut conduite au roi Assuérus et le roi l'aima plus que toutes autres femmes et il mit sur sa tête le diadème royal.

Esther signifie cachée; *Égée veut dire* solennel; *Assuérus fait penser à* béatitude. *Esther, c'est la Bse Vierge Marie, qui se tenait enfermée dans sa demeure et que l'Ange a trouvée cachée au regard des hommes. Égée, gardien des vierges, c'est Jésus-Christ. Il convenait, en effet, qu'à la garde des vierges fût commis un tel gardien qui serait à la fois solennel et ennuque; solennel et plaisant pour ne point contrister les cœurs pusillanimes; eunuque pour ne point porter atteinte à la continence des vierges mais pour la conserver dans toute son intégrité. Voilà pourquoi ces deux qualités sont bien unies dans un tel chargé de fonction et s'appellent l'une l'autre. En effet, la plupart du temps il arrive que les affections se gâtent par les rires et que l'amour chaste s'accompagne d'une trop grande sévérité. Ce sont ces deux dispositions qu'a manifestées le Christ pour s'avérer idoine à la fonction de gardien des vierges. De même qu'Égée, en effet, il accourut joyeux au-devant des saintes femmes (au tombeau), disant:* Avete, saluts ! *Math.*, 28, 9. *Mais ce salut joyeux il le prononça après sa résurrection dans un corps devenu immortel. Auparavant Il se conduisait en eunuque, pour qu'on ne pût l'accuser d'avoir salué une femme. Aussi les Apôtres étaient-ils étonnés, comme dit saint Jean,* 4, 27, *qu'Il s'entretînt avec une femme. Cet Égée donc qu'est Jésus-Christ a su orner notre Esther, à savoir Marie, avec d'autant plus de soin qu'elle-même n'a nullement recherché l'admiration que recherche habituellement la femme: en effet, pour ses ornements et ses parures elle ne voulut se fier ni à elle-même ni à un autre, mais elle s'en remit tout entière au jugement de son gardien, par qui elle a été ornée de façon si admirable, qu'elle a été exaltée aujourd'hui au-dessus des anges.*

1.— Sa beauté.— *Notre Esther fut de forme et de taille très harmonieuse lors de la salutation de l'Ange, elle était d'une beauté incroyable à la venue du Saint Esprit, elle était gracieuse aux yeux de tous au moment de la conception du Fils de Dieu. Après cette conception son visage brillait d'un tel éclat, que Joseph lui-même ne pouvait plus la regarder en face. Et rien d'étonnant en cela.* Si les fils d'Israël, *comme dit l'Apôtre,* II Cor. 3, 7, ne pouvaient fixer leur regard sur la face de Moïse, tout passager qu'il fût; *et, comme il est dit dans l'Exode,* 34, 30, si Aaron et les fils d'Israël, en voyant que la face de Moïse était rayonnante du fait de sa conversation avec Dieu, craignirent d'approcher; *combien plus était-il impossible à Joseph de porter le moindre regard sur la figure de la Glorieuse Vierge rayonnant des rayons du Vrai Soleil qu'elle portait dans son sein! et combien devait-il craindre davantage de rester près d'elle! En effet, le Vrai Soleil était couvert d'un nuage, et par les yeux et par les traits de sa mère Il projetait des petits rayons d'un or fulgurant. Cette face était pleine de toutes grâces, agréable aux yeux des anges. Ils ne se rassasient pas de regarder celle qui dans sa vertu brille comme le soleil.* Cant. 3, 2.

2.— Sa grâce. *Elle est aimable pour tout le monde la Bse Vierge par qui le monde a mérité de recevoir le Sauveur de tous. Notre glorieuse Esther est portée aujourd'hui par la main des anges jusqu'au lit du roi Assuérus, à savoir jusqu'au lit éthéré où repose entouré d'étoiles le Roi des rois, béatitude des anges, Jésus-Christ, qui plus que toutes les femmes a aimé la même glorieuse Vierge de qui Il a accepté sa chair et qui plus que toutes les femmes a trouvé devant lui grâce et miséricorde.*

O inestimable dignité de Marie! O ineffable sublimité de la grâce! O profondeur insondable de la miséricorde! Quelle si grande grâce, quelle si grande miséricorde fut jamais faite ou ne pourra être jamais faite à un ange ou à un homme, qu'elle puisse seulement être comparée à celle qui fut faite à la Bse Vierge Marie, quand Dieu le Père a voulu qu'elle devînt la mère de son propre Fils en tout égal à Lui, engendré avant tous les siècles ! Elle serait supérieure la grâce et la dignité d'une pauvre petite femme qui aurait un fils avec un empereur; elle fut plus excellente que toute grâce, la grâce de la Bse Marie qui eut un Fils avec le Père et qui pour cela a mérité d'être couronnée aujourd'hui dans les cieux.

3.— Son couronnement. *Voilà pourquoi il est dit: et il plaça sur sa tête la couronne du royaume. Salomon dit au livre du Cant. 3, 11:*

> Sortez, filles de Sion, et voyez le roi Salomon
> avec la couronne dont sa mère l'a couronnée,
> le jour de ses épousailles.

Parce que la Bse Marie a couronné le Fils de Dieu du diadème de la chair au jour de ses épousailles, à savoir de sa conception, le même Fils de Dieu a couronné aujourd'hui sa Mère du diadème de la gloire céleste. C'est que sa Mère est devenue comme le lit sur lequel s'est unie dans la personne du Verbe la nature divine à la nature humaine.

Sortez donc et voyez la Mère de Salomon en possession du diadème avec lequel l'a couronnée son Fils au jour de son Assomption. C'est donc avec raison qu'il a été dit d'elle, qu'elle est comparable à un vase d'or massif, orné de toute pierre précieuse.

* * *

Cette troisième partie du sermon de saint Antoine sur l'Assomption n'a pas besoin de longs commentaires pour être saisie dans toute son éloquence. Les rapprochements entre Esther et Marie, Égée et Jésus-Christ, Assuérus et le Père Céleste, sont ingénieux comme à l'ordinaire, mais le parallélisme entre les différents personnages est exact et fait ressortir de vivante façon la beauté, la grâce, le couronnement de Marie.

1.—*Sa beauté* est vraiment incomparable au moment de l'Annonciation, de la venue de l'Esprit-Saint, de la conception du Fils de Dieu. Il n'est pas étonnant que Joseph n'ait pu dès ce jour fixer sur elle son regard, tant il brillait de splendeur. Si Aaron et les fils d'Israël ne pouvaient regarder Moïse à sa descente du Sinaï à cause du dialogue qu'il venait d'avoir avec Dieu, à plus forte raison Joseph ne devait plus être capable de soutenir le regard de sa Mère, alors qu'elle était en intimité si grande et habituelle avec le Verbe pendant qu'elle portait en son sein la chair qu'Il avait assumée en propre ! Elle était réellement pleine de grâce et dans sa vertu elle avait le brillant du soleil, *electa ut sol.*

2.— *Sa grâce* était indescriptible. Elle a ravi le Fils de Dieu qui se l'est choisie comme Mère.— La parole est impuissante à rendre tout ce qu'elle a de charme vainqueur. Antoine recourt à l'exclamation et il lui en faut quatre ici pour exprimer quelque chose de ses sentiments. Il n'y eut jamais et il n'y aura jamais, en dehors de la Trinité, de grâce comparable à celle qui se trouve en Marie. Toute comparaison est boiteuse, qui tente d'en donner une simple idée.

3.— *Le couronnement de Marie* au ciel au jour de son Assomption par son Fils Jésus est la conséquence du fait de sa maternité divine. Parce qu'elle l'a couronné de sa chair mortelle, Il la couronne de sa gloire immortelle.

Oui, Marie est vraiment comme un vase d'or massif, orné de toute pierre précieuse et dans cet éclat de gloire elle est après Jésus le plus ornement de toute la cour céleste.

* * *

Bien chers malades, et vous toutes personnes à l'écoute, aimez, surtout en ce beau mois du Rosaire, à saluer Marie cinquante fois le jour, en récitant le chapelet sinon à l'église, du moins en famille, ou même seulement en particulier.

En adressant ces salutations à Marie, pensez à sa beauté, à sa grâce, à son couronnement, selon les enseignements que vient de vous donner par le ministère des ondes le grand Thaumaturge de Padoue.— Si une reine Esther parée avec soin par un maître coiffeur sut trouver grâce devant le roi Assuérus et mérita de partager la gloire de son trône; Marie, parée par le Verbe de Dieu de tous les charmes dont soit passible une fille d'Ève, a trouvé grâce, elle, devant le Père Éternel, et, parce qu'elle a été la Mère de son Fils, Il l'a fait participer à sa sainteté et à sa gloire. Quel motif pour nous tous d'espérer en sa puissante intercession ! Elle est réellement la toute-puissante suppliante.

Mettons en elle notre confiance et puisqu'elle est médiatrice de toute grâce, attendons d'elle en temps opportun les secours qui assureront notre persévérance et stimuleront notre désir de croître chaque jour dans l'amour de Dieu.

Marie est comme l'olive, une forteresse, et le cyprès

17 octobre 1944

Une quatrième partie du sermon de S. Antoine sur l'Assomption compare Marie à l'olive en croissance, à une forteresse capable de résister à l'ennemi et au cyprès qui s'élève dans les nuages. Cette triple comparaison lui permet de faire ressortir de nouveaux aspects des vertus de Marie et de mieux exalter sa gloire. Je laisse la parole à saint Antoine:

* * *

Marie est comme l'olive qui pousse ses fruits.— *L'olivier est un arbre, l'olive est son fruit, le suc de ce fruit c'est l'huile. L'olivier produit une fleur odoriférante d'où vient l'olive d'abord verte, ensuite rouge, avant d'arriver à la maturité. La Bse Anne fut*

comme un olivier de qui est sortie une blanche fleur d'un parfum
inestimable, à savoir la Bse Marie, qui fut de verte couleur dans la
Conception et la Nativité du Fils de Dieu. Dans la Conception et
la Nativité du Sauveur, Marie demeura de verte couleur, garda la
force et la vigueur propre à l'état de viridité: elle demeura Vierge
avant l'enfantement et durant l'enfantement. Elle fut de couleur
rouge au moment de la Passion de son Fils, car cette Passion lui a
transpercé le cœur. Elle arriva à l'état de maturité au jour de son
Assomption, donnant là ses fruits, c'est à-dire arrivant à l'épa-
nouissement parfait de tout son être dans la béatitude de la gloire
céleste. Voilà pourquoi dans sa participation à cette joie de Marie,
l'Eglise chante à l'introït de la messe de l'Assomption: Gaudeamus
omnes in Domino... réjouissons-nous dans le Seigneur en cette
solennité de l'Assomption de Marie.

A l'évangile de cette messe on lit Luc. 10, 38: Jésus entra dans
un village, intravit in quoddam castellum. Le mot latin castellum
d'après l'étymologie, signifie château-fort quasi imprenable, ou bien
un endroit d'où sont bannis le désordre et la licence. L'ennemi,
en effet, qui s'attaque avec acharnement à une forteresse, ne permet
pas que les habitants s'amollissent par le repos et se gâtent par la
luxure. La continuité et la rage du combat contre des fortifications
amoindrissent et énervent les ardeurs de la concupiscence. Notez
qu'il y a forteresse, là où se trouve un mur tout autour et une tour
au milieu. La forteresse ici c'est la Bse Marie: parce qu'elle brille
de l'éclat d'une chasteté intégrale, le Seigneur est entré en elle,
intravit in quoddam castellum. Le mur qui protège cette forteresse
et encercle la tour, c'est sa virginité. La tour qui défend le mur,
c'est son humilité. La tour est appelée ainsi du fait qu'elle est
arrondie, à savoir droite et haute: elle fut d'une humilité droite,
parce qu'elle n'a regardé que Celui-là seul qui a remarqué son
humilité; elle fut d'une humilité haute et profonde, parce que si tôt

qu'elle eut prononcé ces mots: voici la servante du Seigneur, elle devint aussitôt la Reine du ciel.

Cette même vierge fut à la fois Marthe et Marie. Elle fut Marthe quand elle enveloppa de langes l'Enfant, Le plaça dans la crèche, Le nourrit de son lait, s'en alla avec Lui en Égypte et en revint. Elle fut Marie, car Marie, comme dit s. Luc 2, 19, conservait dans son cœur le souvenir de toutes ces choses.

Marie est comme le cyprès qui s'élève dans les nuages.— *Marie est comme un cyprès qui s'élève aujourd'hui au-dessus des hauteurs de tous les anges. De cette vérité on trouve une concordance dans Ezéchiel, 1, 26:* Au-dessus du firmament qui était sur leurs têtes, il y avait comme l'aspect d'une pierre de saphir, en forme de trône; et sur cette ressemblance de trône, il semblait y avoir comme une figure d'homme au-dessus. *Les quatre animaux dont parle le prophète, signifient tous les saints décorés de quatre vertus, instruits de la doctrine des quatre évangiles. Le firmament veut dire les vertus évangéliques soutenues par la force du Tout-Puissant! Le trône, c'est la Vierge Marie, en qui le Seigneur s'est humilié, quand Il a pris d'elle sa chair. Le fils de l'homme, c'est Jésus-Christ le fils de Dieu et de l'homme. Donc, la gloire céleste au-dessus des animaux qui représentent ici-bas les saints, c'est le firmament, c'est-à-dire les anges, et au-dessus des Anges se trouve le trône à savoir la Bse Vierge Marie, et au-dessus du trône, le fils de l'homme c'est-à-dire Jésus-Christ. (Au sujet de ce trône j'ai cherché la signification dans l'Evangile du Ve dimanche après la Pentecôte, qui a fait le sujet d'une émission la 5e du troisième sermon sur l'Annonciation, s. Luc, 5, 1:* Un jour que, désireuse d'entendre la parole de Dieu, la foule se pressait sur Jésus. *Au sujet de la pierre de saphir j'ai dit ce qu'elle signifie dans le IIe sermon sur l'Annonziation à la première émission:* Ego quasi ros, je serai comme une rose.*)

Le style de s. Antoine révèle son âme. Comme le demande l'Esprit-Saint, sa conversation est dans les cieux et là l'inspiration du langage vient de la considération des mystères. S'il redescend sur la terre pour converser avec les humains, il trouve, dans les êtres qui entourent et de préférence dans les êtres dont parle l'Écriture Sainte, des analogies profondes avec ce qui fait l'objet de ses pensées. Dans ce discours, comme il parle de la Vierge, il multiplie les rapprochements avec tout ce que rappellent à son esprit surnaturel: les comparaisons de l'Ecclésiastique qui ont inspiré ses louanges à Marie et le quadrige ordinaire qui lui sert à monter vers Dieu: l'évangile, l'office du jour, l'introït et l'épître.

Avec les explications géniales que sait ici en faire saint Antoine de Padoue, les trois comparaisons de l'olive, de la forteresse, et du cyprès conviennent admirablement à Marie.

La première comparaison de l'olive lui inspire un superbe parallélisme qui se termine par l'introït de la messe et l'amène sans transition spéciale à utiliser l'évangile par une double considération. De même que l'olivier produit une fleur odoriférante d'où vient l'olive, d'abord verte, ensuite rouge, après mûre; de même la Bse Anne a donné un fruit, Marie: d'abord fleur odoriférante dans sa virginité elle est devenue comme une olive verte, a conservé et même accru la force de sa viridité, à savoir son intégrité dans la conception et l'enfantement de son Divin Fils. Cette olive fut de couleur rouge au moment de la Passion de Jésus et arriva à parfaite maturité au jour de l'Assomption. Voilà pourquoi l'Église entière se réjouit avec les Anges et les élus au ciel, chantant: *gaueamus omnes in Domino.*

La deuxième comparaison est celle d'une forteresse inexpugnable. L'évangile de ce jour est celui du repas de Notre-Seigneur chez Marthe et Marie. Il commence par ces mots: *Intravit in quoddam castellum.* Ce terme inspire à Antoine un long parallèle entre Marie et l'idée qu'éveille ce mot pris dans le sens de forte-resse. Une forteresse est exposée à être attaquée par l'ennemi.

Au moment de l'attaque les habitants de la forteresse sont debout et dirigent toute leur attention sur la résistance. Dans les forteresses d'autrefois qui étaient certainement différentes de celles d'aujourd'hui, il y avait tout autour un mur et au milieu une tour.— Cette forteresse qui, à cause de l'éclat de sa con-ception immaculée, attire l'attention de Jésus, c'est Marie. Le mur qui la protège, c'est sa virginité; la tour qui s'élève au milieu droite et haute, c'est son humilité: deux vertus qui amè-nent Marie à se conserver pour Dieu et à ne regarder que Dieu et qui toutes deux ont décidé le Verbe à venir en elle lui mendier sa chair.

Et cette même Vierge joua à la fois le rôle de Marthe et de Marie: le rôle de Marthe en s'adonnant à l'action que réclamait sa vie d'épouse et de mère, le rôle de Marie en continuant la contemplation tout en étant fidèle à ses devoirs d'état. C'est ce qui la rend digne d'être Mère de Dieu: Mieux que ces saintes âmes, elle sait accorder la dignité de sa vie à la subilimité de sa naissance.

La troisième comparaison du cyprès qui s'élève dans les nuages amène S. Antoine à décrire les splendeurs de la gloire de Marie en son Assomption, en se servant d'un passage symbolique du prophète Ezéchiel. Il y est question d'animaux, de firmament, de trône, d'homme assis sur ce trône. Les quatre animaux, ce sont les saints instruits par les évangélistes; le firmament veut dire les anges; le trône, c'est Marie; le fils de l'homme, c'est Jésus. Marie donc, comme un cyprès s'élançant dans les nuages, s'élève au-dessus de tous les saints, des anges, jusqu'au trône sur qui repose son Divin Fils assis à la droite du Père. Elle est bien la reine du ciel et de la terre, des anges et des hommes; en relation directe avec les trois personnes de la Très Sainte Trinité; en participation de sa puissance, de sa sagesse, de sa béatitude; en disposition habituelle d'aider tous les hommes à connaître, aimer et servir Dieu, comme le fait actuellement au ciel toute la cour céleste.

* * *

Bien chers malades, vieillards et infirmes, à la fin de cette quatrième partie du sermon de S. Antoine sur l'Assomption où il nous a rappelé ses vertus et sa gloire, en comparant Marie à un trône solide, à un vase d'or, à la reine Esther, à l'olive et au cyprès, terminons par la prière que saint Antoine lui adressait lui-même en guise de conclusion de tout le sermon.

Prière

O toi notre Reine, illustre Mère de Dieu, élevée au-dessus des chœurs des anges, nous te demandons donc que tu remplisses de grâce céleste le vase de notre cœur, que tu le fasses resplendir de l'or de la sagesse, que tu le consolides de la puissance de ta force, que tu l'ornes de la pierre précieuse des vertus, que tu répandes sur nous l'huile avec laquelle tu couvriras la multitude de nos péchés, jusqu'à ce que nous méritions d'être emportés vers les hauteurs de la gloire céleste et de jouir avec les bienheureux de la béatitude éternelle par les mérites de ton Fils Jésus-Christ. C'est Lui qui t'a élevée aujourd'hui au-dessus des chœurs des anges, qui t'a couronnée du diadème royal, et qui t'a placée sur le trône de la lumière éternelle. A lui soient à jamais honneur et louange ! Et que l'Église dise: Amen ! Alleluia.

Marie est la cité du refuge

12 février 1946

Antoine a appelé Marie la cité du refuge. Le rapprochement ingénieux entre la Vierge-Marie et une ordonnance de Dieu à Moïse en faveur de son peuple est un apologue digne de couronner ses louanges à Marie.

L'ordonnance de Jéhovah est rapportée au livre des Nombres, 35, 13-14: *Vous donnerez trois villes au-delà du Jourdain... et elles seront villes de refuge pour les enfants d'Israël, pour l'étranger et pour celui qui demeure au milieu de vous, afin que tout homme qui aura tué quelqu'un par mégarde, puisse s'y retirer.*

D'après cet ordre les meurtriers sans le vouloir étaient en sûreté contre la vindicte populaire avant le jugement porté devant l'assemblée.— Ce privilège du peuple juif pour quelques-unes de leurs cités, Antoine le revendique pour Marie en faveur du meurtrier même volontaire, donc de tous les pécheurs. Elle est la mère des miséricordes, le refuge du pécheur, la cité du refuge. Et saint Antoine apporte deux motifs à cette confiance: sa maternité divine et sa maternité spirituelle. Voici comment Antoine expose les motifs qui font de Marie la cité du refuge.

* * *

Fuyez vers elle, (Marie) ô pécheur, parce qu'elle est la cité du refuge. De même qu'autrefois, comme il est dit au livre des Nombres, 35, 13-14, Dieu sépara trois cités du refuge où fuirait celui qui par mégarde aurait commis un homicide; de même maintenant la miséricorde du Seigneur a donné comme refuge de miséricorde aux homicides même volontaires le nom de Marie.

Il est une tour très puissante, le nom de notre Reine. Que le pécheur s'y réfugie et son salut est assuré: son nom est doux, il est la consolation et l'espoir du pécheur. O Reine, ton nom est le charme de l'âme. Et le nom de la Vierge, dit saint Luc, 1, 37; était Marie. *Ton nom est comme une huile répandue. Ton nom est jubilation pour le cœur, miel pour la bouche, mélodie pour l'oreille. Excellemment donc on a dit à la louange de la Vierge:* Bienheureuses les entrailles qui vous ont porté et les mamelles que vous avez sucées.

Notez que sucer veut dire agir en prenant; en effet tandis que le Christ prenait le lait (de sa Mère), il opérait notre salut. Notre salut vient de sa Passion: il a enduré la Passion dans le corps qui a été nourri du lait de la Vierge. De là ces paroles dans le Cantique, 5, 1:

J'ai bu mon vin avec mon lait.

Pourquoi n'as-tu pas dit, Seigneur Jésus:

J'ai bu le vinaigre avec mon lait ?

J'ai été allaité, en effet, de mamelles virginales, j'ai été abreuvé de fiel et de vinaigre. La douceur du lait s'est changée en amertume de fiel, afin que son amertume pût nous mériter la douceur éternelle. Il a sucé les mamelles (de la Vierge), Celui qui sur le mont du Calvaire a voulu laisser la lance lui transpercer la poitrine, afin que les enfants à la place du lait pussent sucer le sang. A ce sujet Job dit:

Les petits de l'aigle s'abreuvent de sang. (*Job*, **39**, 30).

Jésus répondit à la femme (qui venait d'adresser des louanges à sa mère à son sujet): Bien plus heureux sont ceux qui écoutent la parole de Dieu et la mettent en pratique. Là, la Glose dit : C'est comme s'il disait qu'il ne faut pas louer Marie seulement parce qu'elle a porté le Verbe de Dieu en ses entrailles, mais aussi parce qu'elle a mis en pratique la parole de Dieu.

* * *

D'après saint Antoine, Marie est donc bien pour le pécheur la cité du refuge et sa double maternité divine et spirituelle justifie la confiance du pécheur.

1° *Marie est la cité du refuge.* Chez les Juifs il y avait des villes qui jouissaient du droit d'asile, trois à l'est du Jourdain et trois à l'ouest. Lorsqu'un homicide accidentel était survenu, le meurtrier se hâtait de se rendre dans la cité du refuge la plus rapprochée. Il s'arrêtait à la porte et exposait son cas aux anciens. Ceux-ci devaient lui assigner une demeure et ensuite prendre soin de le présenter devant l'assemblée qui jugeait l'affaire. Si le meurtrier était jugé coupable, on le remettait au vengeur du sang qui le mettait à mort. Dans le cas contraire on le ramenait dans la ville du refuge. Là il était inviolable jusqu'à la mort du grand'prêtre.

Marie est d'après saint Antoine la cité du refuge pour les meurtriers non seulement involontaires mais aussi pour les volontaires. En d'autres termes elle est un refuge de miséricorde pour tous les pécheurs. Dans les litanies on l'appelle « tour de force », tour imprenable où Satan n'a jamais pu pénétrer malgré sa malice mais où ont accès les âmes sensibles à l'influence de la foi et de la grâce. Même si elles avaient été victimes du péché d'égarement, comme le meurtre, l'adultère, le sacrilège, l'injustice, elles n'ont qu'à fuir vers Marie aussitôt qu'elles auront reconnu leurs crimes, et elles trouveront auprès d'elle un refuge assuré, la protection qu'elles désirent.

« Que le pécheur fuit vers Marie, dit S. Antoine, et il sera sauvé ! Son nom est doux, il est le réconfort et l'espoir du pécheur. Son nom est comme une huile répandue ». De même que l'huile couvre la surface de l'eau d'une matière grasse qui lui enlève sa lucidité et empêche de voir au fond; de même la charité de Marie couvre la multitude des péchés, les dérobe à la vue, et préserve le coupable des effets de la vengeance. Oui le nom de Marie est vraiment une jubilation pour le cœur, du miel pour la bouche, une mélodie pour l'oreille.

C'est avec raison que la femme de l'évangile a dit: *Bienheureuses les entrailles qui vous ont porté et les mamelles que vous avez sucées !*

2° *La double maternité de Marie, divine et spirituelle, justifie semblable confiance du pécheur.*

— Antoine trouve l'argument de sa maternité divine dans l'étymologie du mot sucer et l'ensemble d'idées qu'il évoque appliqué à Marie par Jésus.

Sugere, en français sucer, vient de deux mots latins: sumere, prendre, et agere, agir. Appliqué à Marie, ce mot signifie que quand Jésus prenait de Marie son lait en nourriture, il opérait notre salut. Mais comme Il a opéré notre salut surtout au moment de sa Passion pour nous, cela veut dire que la douceur du lait de Marie s'est changée pour Jésus en amertume, celle du fiel et du vinaigre qu'on lui a servis sur la croix.

Et Antoine voit, entre le lait puisé aux mamelles de la Vierge et le sang qui s'échappe de la poitrine de Jésus après qu'elle a été transpercée par la lance, une analogie qui explique cette parole de l'Écriture: Job, 39, 30:

> *Les petits de l'aigle s'abreuvent de sang.*

Les petits de l'aigle, c'est-à-dire les croyants se nourrissent non plus du lait de la vierge comme Jésus, mais de ce lait devenu le sang d'un Dieu. C'est le lait de Marie changé en sang, la douceur même transformée en amertume, qui nous vaut le salut. Et puisque Jésus verse avec joie son sang pour nous, Marie ne manque pas de partager sa joie en appliquant aux pécheurs les mérites de la Passion. *Lui qui n'a pas épargné son propre Fils, dit S. Paul, mais qui l'a livré à la mort pour nous tous, comment avec lui ne nous donnera-t-il pas toutes choses?* Le Père a donné aux hommes son Fils, le Fils leur a donné son sang, et sa Mère leur donne son lait devenu sang de Jésus. Comment pourrait-elle refuser le pardon au pécheur et comment le pécheur, s'il craint le Fils et le Père, hésiterait-il à mettre en elle sa confiance ?

— Comme Jésus, Antoine montre en la maternité spirituelle de Marie un motif de confiance encore plus fort. Jésus appelle mère, l'âme qui accomplit la volonté de Dieu. Dès lors cette âme, fût-elle la plus humble et au plus bas degré de l'échelle sociale, accepte la lumière de la sagesse, comme Jésus conforme sa vie à cette lumière, le forme pour ainsi dire en elle par sa fidélité au devoir jusqu'à la stature de l'homme parfait. Et garder ainsi Jésus en soi continuellement est plus louable que d'avoir été sa mère comme Marie, en le portant dans ses entrailles et en le nourrissant de son lait.

Or, mieux que toute nature raisonnable par son Immaculée Conception et ses vertus incomparables, Marie a joui de cette maternité spirituelle. C'est cette maternité spirituelle à laquelle sont appelés tous les chrétiens, qui lui a valu la maternité divine et a élevé son âme au niveau des miséricordes de Dieu à l'égard des humains. Comme son Divin Fils, elle nous a aimés, elle a versé son lait avec son sang pour nous, et il n'y a dans le cœur humain de si grandes misères qui ne laissent insensible sa maternelle et divine miséricorde.

Donc c'est bien à juste titre que sa double maternité divine et spirituelle lui vaut d'être pour tous les pécheurs, pour chacune de nos âmes, *comme la cité du refuge*.

* * *

Bien chers malades et vous tous dévots à Marie qui aimez entendre Antoine proclamer ses louanges et qui ne vous êtes pas lassés de prêter l'oreille durant les trente-quatre émissions en son honneur depuis plus d'un an, je termine cette apologie de la Vierge-Marie, par la prière qu'il lui adresse le IIIe dimanche du Carême à la fin de son commentaire sur la louange à Marie de la femme de l'Évangile, Luc, 11, 27 :

— *O Marie, notre Reine, notre espoir, nous te demandons donc, alors que nous sommes ballotés par la tempête sur la mer de ce monde, de lancer sur nous tes rayons, ô étoile de la mer, de protéger de ta présence notre dernière heure, de nous donner de sortir en paix de cette captivité et de pouvoir parvenir aux joies ineffables.*

Nous te le demandons par les mérites de Celui que tu as porté dans tes entrailles et que tu as allaité de tes mamelles très saintes.

A Lui soient honneur et gloire dans les siècles des siècles î Ainsi soit-il !

Table des matières

TOME II

PROLOGUE AUX LOUANGES A MARIE DE S. ANTOINE

5 février 1946: Beata ubera quae lactaverunt Christum
Dominum, Luc, 11, 27 7

2 octobre 1945: Spiritualisme et procédés littéraires de
S. Antoine 15

TROISIÈME FETE: LA PURIFICATION

En cette fête Marie

Premier sermon: LE MYSTÈRE PROPREMENT DIT

2 octobre 1945: Marie est le Paradis Terrestre 19
9 octobre 1945: Marie est comme le Libanos, arbre à encens 24
16 octobre 1945: Marie figurée par Jahel 31

Sermon II MARIE ET LE TABERNACLE DE MOISE

23 octobre 1945: Marie est le Tabernacle du Christ 38
6 novembre 1945: Le Tabernacle est fermé à l'aquilon, au
midi, à l'occident 45
13 novembre 1945: Le Tabernacle est ouvert à l'orient 53
20 novembre 1945: Marie et l'Église représentées par les
tentures du Tabernacle 59

Sermon III LOUANGES A MARIE

4 décembre 1945: Les armes de Jahel et de Marie contre leur ennemie.. 65

11 décembre 1945: Dispositions de Marie et Jahel en leur offrande... 72

18 décembre 1945: L'Offrande de tourterelles symbolise celle du Pénitent.. 79

8 janvier 1946: Le Cierge de la Chandeleur symbolise le Christ et le Pénitent...................................... 86

15 janvier 1946: L'hymne de Siméon et les quatre béatitudes.. 93

QUATRIÈME FETE: L'ASSOMPTION

En cette fête Marie

15 août 1944: Marie est comme un vase d'or massif...... 103

12 septembre 1944: Marie, vase d'or orné de pierres précieuses.. 111

10 octobre 1944: Parallèle entre Esther et Marie........... 119

17 octobre 1944: Marie est comme l'olivier et le cyprès.... 125

APOLOGUE AUX LOUANGES A MARIE

12 février 1946: Marie est la Cité du refuge............. 131